Bregje Hofstede

Die Wiederentdeckung des Körpers

BREGJE HOFSTEDE

Die Wiederentdeckung des Körpers

Essay über Burn-out
Mit Fotos von Willemieke Kars

Aus dem Niederländischen von
Christiane Burkhardt und Janine Malz

OKTAVEN

Die Originalausgabe mit dem Titel *De herontdekking van het lichaam*
erschien 2016 bei Uitgeverij Cossee, Amsterdam.

Die deutsche Ausgabe wurde freundlicherweise
gefördert durch den Nederlands letterenfonds, Amsterdam.

Nederlands
letterenfonds
dutch foundation
for literature

1. Auflage 2020

Oktaven

ein Imprint des Verlags Freies Geistesleben
Landhausstraße 82, 70190 Stuttgart
www.geistesleben.com

ISBN 978-3-7725-3018-0

auch als eBook erhältlich

Gestaltungskonzept: Maria A. Kafitz
Fotos: Willemieke Kars
Satz: Thomas Neuerer
Druck: GGP Media GmbH, Pößneck
Printed in Germany

FSC www.fsc.org
MIX
Papier aus verantwortungsvollen Quellen
FSC® C014496

«Ich hatte bis dahin schlichtweg nicht begriffen, dass es tatsächlich möglich war, mit seinem Körper zu leben und die grässlichen *Dichotomien* einfach sein zu lassen. [...] Ich werde mich voll und ganz auf alles einlassen ... *alles ist wichtig!*»

Susan Sontag,
Tagebucheintrag vom 23. Mai 1949

Inhalt

Einleitung

Vom Luftschlösserbauen bekommt man keine Schwielen an den Händen. Es dürfte kaum eine Tätigkeit geben, die so unkörperlich ist wie das Schreiben. Geschichten erfinden, Ideen zu Papier bringen – alles reine Kopfarbeit. Der Körper wird dabei eher zur Last: Er will versorgt werden und ist ein Störfaktor. Dachte ich jedenfalls.

Meinen ersten Roman musste ich meinem Körper mühsam abringen. Ich kämpfte mit einem Burn-out; Körper und Geist waren erschöpft und unberechenbar. Ich fühlte mich, als würde ich an einem Laptop arbeiten, der jederzeit ausfallen kann und dessen Akku gerade mal fünfzehn Minuten hält. Fehlermeldungen erhielt ich in Form von Herzrasen und schlaflosen Nächten. Ich verfluchte das Arbeitsgerät, das mich da sabotierte. Hätte ich es gegen ein neues eintauschen oder noch besser ohne meinen Körper weitermachen können – ich hätte keine Sekunde gezögert.

Damals bekam meine Schwester ein Kind.

Ich besuchte sie im Wochenbett. Noch nie hatte ich so einen neuen Menschen im Arm gehalten. Und während ich spürte, wie das Baby zappelte und strampelte, staunte ich, wie sehr dieser kleine Mensch noch mit sich selbst eins war, sich in seinem Körper zuhause fühlte. Es kam mir absurd vor, ihn in Begriffe wie «Körper und Geist» fassen zu wollen. Und da fragte ich mich: Wenn auch ich einmal so ein Menschlein gewesen war – wie kam es dann, dass ich mich jetzt in meinem Körper so gar nicht mehr zuhause fühlte? Wann hatte ich damit begonnen, mich in die winzige Stube unter meinem Schädeldach zurückzuziehen, in der ich jetzt festsaß? Ich ließ meine Kindheit Revue passieren, blätterte in dem Tagebuch, das ich mit zwölf geschrieben hatte.

Bald darauf besuchte mich eine Freundin. Wir saßen auf dem Sofa, tranken Tee und tauschten Neuigkeiten aus. Sie hatte die Arme um die Knie geschlungen, weil sie so fror in ihrem eisern heruntergehungerten Körper. Ich dagegen hockte neben ihr wie eine Marionette, deren Fäden durchtrennt worden waren, und klagte über Hyperventilationsattacken. Unsere Körper schienen in erster Linie etwas zu sein, das einem Kopfzerbrechen bereitet, das man besiegen und zum Verstummen bringen muss. Bisher waren mir vor allem die Unterschiede zwischen uns aufgefallen, doch jetzt fragte ich mich, ob unsere Beschwerden nicht ein- und dieselbe Ursache hatten.

Das Burn-out gilt als psychische Störung mit psychischen Ursachen, trotzdem stellte ich mir die Frage, ob neben vielen anderen Faktoren nicht auch mein *Körper* an meinem Zusammenbruch mitgewirkt hatte. Sowohl was die Vorgeschichte als auch was die Symptome und den Genesungsprozess anbelangte. Im Mittelpunkt dieses Buches steht das Burn-out-Kapitel. Darin erkläre ich, wie ich meinen Körper jahrelang verleugnet habe, was das Burn-out mit diesem Körper gemacht hat und was geschah, als ich ihn bei dem Versuch mich zu erholen, genauestens beobachtet habe.

Das vorliegende Buch schildert nicht nur das Burn-out und die damit verbundene Wiederentdeckung des Körpers, sondern beschäftigt sich auch mit der Frage, wie das mein Schreiben beeinflusst hat: Neben der Vergeistigung einer Erfahrung geht es also auch um die Verkörperlichung eines Arbeitsprozesses. Denn wie ich feststellen sollte, kann man vom Luftschlösserbauen sehr wohl Schwielen und Blasen bekommen.

Erholt von meinem Burn-out habe ich mich unter anderem dank langer Spaziergänge. Seitdem sind Laufen, Rennen und Schlendern zu einem unverzichtbaren Bestandteil meines Denk- und Schreibprozesses geworden. Um zu beschreiben, wie zielloses Umherstreifen, dem eigenen Denken Raum Geben und Stressabbau zusammenhängen, habe ich eine Ode an das Schlendern geschrieben.

Wie wichtig körperliche Bewegungsfreiheit für die Gedankenfreiheit ist, erlebte ich, als ich als Frau allein im Nahen Osten unterwegs war. Je nachdem wie wir uns zu unserem Körper verhalten und wie sich die Gesellschaft zu unserem Körper verhält, kann die Welt schrumpfen oder sich auf wundersame Weise auftun. Im letzten Teil dieses Buches gehe ich deshalb der auch schon vorher durchschimmernden Frage nach, inwiefern das schwierige Verhältnis zu meinem Körper etwas mit meinem Geschlecht zu tun hat.

Seit ich das erste Mal nach Burn-out-Symptomen gegoogelt habe, sind inzwischen mehr als drei Jahre vergangen. Mein Körper hat damals so laut mit der Faust auf den Schreibtisch gehauen, dass er nicht nur thematisch, sondern auch ganz konkret auf jede nur erdenkliche Weise seinen Platz in meinem Schreiben eingefordert hat.

Wahrnehmen, Fühlen, Denken und Handeln sind ohne den Körper unvorstellbar, insofern verbinde ich *mein* Nachdenken darüber auch mit den Erfahrungen *meines* Körpers. Andere Körper machen bestimmt andere Erfahrungen, und weil ich mich auf die körperlichen Aspekte des Burn-outs konzentriert habe, bleibt vieles andere außen vor. Würde ich allerdings nicht fest daran glauben, dass meine Erfahrungen eine größere, gesellschaftliche Tragweite besitzen, hätte ich sie nicht so explizit geschildert. Das Ergebnis ist ein Text, der von ganz persönlichen Dingen ausgeht, um immer wieder dorthin zurückzukehren. Ein Text, der mit diesem einen Körper untrennbar verbunden ist.

Willkommen zu Hause

Ich halte meinen neugeborenen Neffen im Arm. Auf einen Abstand von fünfzehn Zentimetern kann er Hell und Dunkel unterscheiden, mehr aber auch nicht, so meine Schwester. Ich habe ihn noch nie mit geöffneten Augen gesehen.

Seit vier Tagen lebt er eigenständig. Der Bauch meiner Schwester ist ihm zu klein geworden. Sie hat ihm ein Kinderzimmer eingerichtet und denkt noch kein bisschen an den Moment, wenn er eines Tages ausziehen wird – gut gelaunt und ohne jede Wehmut, mit blonden Locken und einem Rockbandlogo auf der Jacke. Ich halte das glatzköpfige, rosige Baby fest, das in meinem Schoß schnell und flach atmet. Sobald es Hunger hat, weint es. Bei Krämpfen verzerrt es seinen kleinen Mund, und im Schlaf tritt und greift es unaufhörlich. Noch ist Beunruhigung für ihn gleichbedeutend mit Bewegung.

Hallo, mein Kleiner! Fünfzig Zentimeter sind schon mal ein guter Anfang.

Zuallererst erkundest du die entlegensten Winkel deines eigenen Körpers, der fünfzig Zentimeter lang ist. Hände! Du hast Hände – und Füße, die du dir in den Mund stecken kannst! Sobald du gelernt hast, sie zu benutzen, erkundest du dein Zimmer, den Garten und dann die Straßen der Umgebung – bis zu der

Ecke, hinter der du dich beim Versteckspiel noch verbergen darfst, ohne dass es geschummelt wäre. Der Radius, in dem du dich zuhause fühlst, wird immer größer. Irgendwann darfst du allein zur Schule oder zum Fußballtraining gehen. So habe auch ich die Welt erobert, mit einem Rad, an dem ein orangefarbener Wimpel befestigt war. Mit siebzehn bin ich schließlich von zuhause ausgezogen. Ich kehre regelmäßig dorthin zurück und bezeichne es immer noch als mein «Zuhause». «Fahrt ihr manchmal noch nach Hause?», frage ich meine Freunde.

Doch lange bevor mein Elternhaus zu einem Zuhause auf Distanz wurde, in das man hin und wieder zurückkehrt, machte mein Körper dieselbe Entwicklung durch. Mit zunehmendem Aktionsradius nahm auch die Distanz zu meinem einzigen lebenslänglichen Zuhause zu: zu diesem Körper, der dich jetzt festhält. Ich verlegte meinen Lebensmittelpunkt woandershin. Mein Körper war nur dazu da, meinen Kopf durch die Gegend zu tragen – für meinen Geschmack viel zu langsam –, sowie außerdem noch meinen Stift zu halten: ein notwendiges Übel.

Ab wann begann dieser Rückzug? Als mein Körper sich langsam auf etwas vorbereitete, das ich gar nicht wollte – auf ein Kind –, weshalb ich nicht mehr die Schnellste in der Klasse war? Oder als ich wieder mal mit «junger Mann» angesprochen wurde und ahnte, dass es das letzte Mal sein würde, da sich unter meiner Jacke kleine Brüste verbargen? Als ich mich nicht mehr nackt unter den Rasensprenger stellte? Als ich Dehnungsstreifen an mir entdeckte? Geschah es, als mein Körper damit begann, unwillkommene Gäste einzuladen, die laut an die von mir mit aller Macht zugehaltene Tür klopften – Gäste, für die mein Körper aber trotzdem monatlich die Gebärmutter neu tapezierte?

Das sind nur einige wenige Beispiele, von denen es bestimmt unzählige gibt. Doch du, mein Kleiner, weißt noch nichts von alledem, für dich sind diese Worte kaum mehr als Schwingungen meiner Stimmbänder. Du bist einen warmen, summenden Körper in unmittelbarer Nähe gewohnt. Wohingegen ich mit der Zeit immer weniger mit meinem Körper vertraut war, mich immer weniger darin aufhielt. Ich drehte die Heizung herunter und wünschte ihn weit fort. Ich sorgte für Ersatz, indem ich mir einen Zweitwohnsitz aus Papier errichtete. Anscheinend hatte ich beschlossen, dass das Tagebuch eine angenehmere Bleibe ist.

Die Kladden habe ich immer noch und kann darin blättern, ihnen entnehmen, dass mir damals durchaus bewusst war, was da passiert. Denn ab und zu hielt ich Momente fest, in denen ich doch wieder kurz in ihn zurückgekehrt war: «Heute habe ich mich drei Stunden lang richtig zuhause gefühlt in meinem Körper.»

In diesen Einträgen beschrieb ich, wie ich bei Nacht im Meer gebadet hatte oder in Sonnenstrahlen getaucht im Bad saß und dabei zusah, wie kräuselnd Dampf von meinen Armen aufstieg. «Schöne Stunden in meinem Körper.» Und was war mit den übrigen Stunden? Die müssen anderswo stattgefunden haben.

Man kann Dinge erst dann beschreiben, wenn man ein bisschen Abstand dazu gewonnen hat. Mein Körper tritt erstmals ab meinem zwölften Lebensjahr in meinem Tagebuch in Erscheinung. In diesem Jahr mache ich meinen ersten Hungerversuch, und auch das Wort «sexy» feiert Premiere. Außerdem beginne ich damit, mich regelrecht auseinander zu nehmen; meine Oberschenkel finden keine Gnade, mein Po schon, mein Bauch kommt mir ein bisschen zu vorstehend vor. Die wenig schmeichelhafte Skizze, die das illustrieren soll, weist Pfeile auf. Sie sind auf jene Zonen gerichtet, die an meinem Körper zu wünschen übrig lassen. Mit Hilfe bestimmter Übungen lassen sie sich gezielt trainieren. Nur höchst selten erlebe ich meinen Körper als selbstverständlich, als nahtloses Ganzes, das wirklich zu mir gehört: «Schöne Stunden in meinem Körper», schreibe ich dann.

Mein lieber Neffe. Solange du noch klein bist, ist «Zuhause» ein Ort, den du als gegeben voraussetzt, so wie du auch deinen Körper nicht infrage stellst. Solange dir nichts wehtut, ist alles in bester Ordnung mit ihm. Er isst, rennt und klettert auf Bäume.

Vorläufig willst du nichts an deinem Zuhause verändern. Eine Einbauküche? Wozu denn? Du dürftest auch vehement gegen einen Teppich auf der Treppe sein, der das abgetretene Linoleum ersetzen soll – das mit den Löchern, durch die du das Holz darunter so gut erkennen kannst, was auch das Knarren erklärt. Jede Verbesserung würde dich bloß traurig stimmen. Du willst keine neue Tapete, und Ritzen in der Wandverkleidung sind doch ideal, um Zettel hineinzustecken.

Doch irgendwann – wenn du von einer langen Reise zurückgekehrt bist – wirst du die Dinge anders sehen.

Du siehst ein altes Haus am Rande einer mittelgroßen niederländischen Stadt mit hässlichen Siebzigerjahre-Fliesen. Im Flur stören dich auf einmal die Holzverkleidung und die Jutetapete. Kann das nicht weg? Und was soll dieser Schimmelfleck an der Wand? Warum steht dieses Haus nicht in einer Stadt, in der richtig was los ist?

Die Selbstverständlichkeit sämtlicher Bestandteile geht verloren. Auf einmal ist alles bloß noch Stückwerk, und das Haus, in dem man aufgewachsen ist, ist vergleichsweise schäbig. Was bleibt, ist der kleinste gemeinsame Nenner: ein Haus, einfach bloß ein Haus. Andere Häuser gefallen dir womöglich besser.

Die Ansprüche, die ich zunehmend an mein Haus stellte, formulierte ich, indem ich mein Zimmer einrichtete: Monat für Monat stellte ich die Möbel um, schaffte Kissen und Decken an, um so gemütliche Ecken zu schaffen. Ich kaufte Duftkerzen, die nach Vanille rochen. Noch nie zuvor hatte ich das Bedürfnis nach Duftkerzen gehabt.

Ich glaube, dass es unweigerlich so kommen wird, mein kleiner Neffe: Irgendwann wirst du dein Haus mit den Augen eines Fremden betrachten. Ich weiß noch genau, wann es bei mir soweit war.

Wir fuhren in einem dunkelblauen Volvo ohne Klimaanlage in einem Rutsch bis nach Ancona und nahmen dort die Fähre nach Griechenland. Vier Schwestern verschmolzen auf der Rückbank miteinander. Weil für so viele Schultern kein Platz war, mussten sich zwei von uns abwechselnd vorbeugen. Wir teilten uns abwechselnd den Walkman, und ich schlug meiner kleinsten Schwester unterwegs einen Milchzahn aus. Irgendwann erreichten wir eine weiß gekalkte Villa auf dem Peleponnes. Wir drehten die glühend heißen Steine im Garten um und suchten nach Skorpionen, die wir dann irgendwann in unseren Betten vorfanden. Nachts konnten wir die Milchstraße in Form einer vagen Rauchfahne hinter den Sternen erkennen. Das Meer, das uns umgab, war dasselbe, das auch Odysseus befahren hatte, und wir verbrachten den ganzen Tag mit Schwimmen und Tauchen, bauten außerdem Sandburgen. Wir wurden braun wie Karamell, und wenn wir unseren Badeanzug auszogen, um uns mit Süßwasser aus dem Gartenschlauch abzuduschen, kam hellrosa Haut zum Vorschein. Von Trägern zurückgelassene Streifen kreuzten sich auf unseren Rücken. Um sie zu verewigen, stellten wir uns nackt nebeneinander und baten um ein Foto. Die älteste Schwester – deine Mutter – wollte dabei schon nicht mehr mitmachen.

In meiner Erinnerung ist das einer der schönsten Sommer überhaupt. Trotzdem hatte ich es eilig, wieder nach Hause zu kommen, denn dort wartete die Orientierungsstufe. Ich war fast zwölf und voller Ungeduld, weil ich dringend in die siebte Klasse kommen wollte. Ungeduld empfand ich auch unserem Haus gegenüber, das mir bei unserer Rückkehr genauso klein und nichtig vorkam wie die Aufgaben im Haushalt, der Geruch, die Vertrautheit. Ich fieberte dem Einführungstag entgegen, an dem dann innerhalb weniger Stunden Grenzlinien gezogen und Allianzen geschmiedet wurden, die die nächsten Jahre gelten sollten – aufgrund von Aussehen, Selbstbewusstsein und Klamottenbudget.

Ich war erst wenige Wochen in der Orientierungsstufe, als die Urlaubsfotos kamen. Die Reise schien Lichtjahre her zu sein. Auf einem der letzten Fotos sind drei kleine Mädchen vor einer weißen Wand zu sehen – meine Schwestern und ich. Wir haben uns mit dem Rücken zur Kamera der Größe nach aufgestellt, wie die Orgelpfeifen. Ich musterte mich gründlich, entdeckte erste Rundungen an den Hüften, stellte fest, dass ich eigentlich X-Beine hatte und mit dem rechten Knöchel einknickte. Ich versteckte das Foto in meinem Zimmer, damit es nicht eingeklebt werden konnte, holte es aber mit einem unguten Gefühl immer wieder zum Vorschein.

Das war der Moment, in dem ich auf mein Zuhause zurückblickte und es als das sah, was es tatsächlich war: einfach bloß ein Körper, der nur zufällig und nicht mehr bedingungslos zu mir gehörte.

Mein kleiner Neffe, ich glaube nicht, dass ich mich je wieder irgendwo so heimisch fühlen werde – weder in einem Zuhause aus Ziegeln noch in einem aus Haut und Knochen – zumindest nicht so wie du es die nächsten Jahre tun wirst. Ich kehre nach wie vor häufig in mein Zuhause zurück, das schon. Manchmal schlafe ich im Gästezimmer und manchmal in meinem alten Bett. Oft fühle ich mich unwohl, aber hin und wieder, wenn mein Körper alkoholbedingt glüht und ausgelassen tanzt, ist er wieder mit sich im Einklang. Dann ist darin Platz genug, und Duftkerzen werden auch keine gebraucht. Länger als ein paar Stunden hält dieses Gefühl jedoch nie an. Wenn ich heute nach Hause komme, dann als Gast.

Ich will dir keine Angst machen, aber ich glaube, genau das bedeutet Erwachsenwerden: Dass es nichts mehr gibt, das über eine bloße Kategorienzuschreibung hinausgeht. Du hast eine Freundin. Ein Haus. Einen Beruf. Ein Buch. Doch nichts davon gehört bedingungslos zu dir.

Ich schaue zu, wie du im Schlaf schmatzt und die Stirn runzelst, und das bringt mich zum Weinen. «Ach komm schon, Breg!», sagt meine Schwester. Ich gebe ihr das warme Bündel zurück.

Blaue Flecken

I

Sechsundzwanzig Grad. Endlich. Einer von den Julitagen, wie ich sie von früher in Erinnerung habe. Vor ungefähr zehn Jahren versuchten wir an einem Nachmittag wie diesem, Eislöffel auf der Nasenspitze zu balancieren. Vor uns im Gras lag ein aufgeschlagener Weltatlas, auf dem wir mit verschmierten Fingern an den Orten Flecken hinterließen, an denen wir eines Tages leben wollten. Wir, das waren meine beste Freundin und ich. Früher waren wir unzertrennlich. Inzwischen haben wir uns schon seit Monaten nicht mehr gesehen. Ich warte auf sie, doch sie kommt nicht. Irgendwann rufe ich bei ihr an.

«Wo steckst du?»

Sie sei noch immer zuhause, erklärt sie mit schwacher, brüchiger Stimme. «Kannst du mir vielleicht was zu essen mitbringen? Ich bin so schlapp, ich kann kaum aufstehen.»

Die junge Frau, die früher keine Sekunde stillsitzen konnte, liegt nun im Bett. Schon seit Jahren ist Abnehmen ihr liebstes Hobby. Eine Zeitlang schien sie nur noch von Luft zu leben. Sie trieb viel Sport und trank ausschließlich Kokoswasser. Aber inzwischen zittern ihr die Beine so sehr, dass sie Angst hat, es nicht bis vor die

Haustür, geschweige denn bis zum nächsten Laden zu schaffen.

Ich bringe ihr Erdbeeren mit. Die stehen ganz oben in der Top Ten der gesündesten Früchte. Ich setze mich neben sie aufs Bett, während sie mit zittrigen Fingern die Plastikverpackung öffnet. Sie hält jede Erdbeere am Stiel fest und nimmt winzige Mäusebissen: erst wird die Spitze weggeknabbert, dann folgen alle vier Seiten und schließlich der blasse Rest. Trotz der Hitze bibbert sie unter der Decke.

Kurz nachdem ich meine Freundin aus dem Zuckertief gerettet habe, lade ich sie ein, für ein paar Tage zu mir nach Brüssel zu kommen. Selbst wenn wir nicht mehr dieselben Ansichten teilen, können wir zumindest dieselbe Aussicht haben: den Blick vom Mont des Arts oder, wenn es regnet, den auf die Ladenpassage Galeries Royales Saint-Hubert. Nachmittags schauen wir im *Het Ivoren Aapje* vorbei, einem schummrigen Antiquariat im Begijnhof. Hinter den Bänden der griechischen Philosophen in der Auslage sieht man den Buchhändler sitzen, ganz in ein Buch versunken, einen schlafenden Terrier zu seinen Füßen. Als ich mit dem Finger darauf zeige, folgt meine Freundin meinem Blick, fasst sich ins Haar und mustert stirnrunzelnd ihr Spiegelbild in der Fensterscheibe.

Im Laden schlendere ich von meinen üblichen Literaturregalen zu der Abteilung mit den Philosophiebüchern und fahre mit dem Zeigefinger über die Buchrücken, um bei S innezuhalten: *Jean-Paul Sartre. L'existentialisme est un humanisme.* Der Papprücken ist vom vielen Herausziehen ganz weich geworden.

Ich wollte schon immer jemand sein, der Philosophen liest. Viele Sprachen spricht. Keine Höhenangst hat und Walnüsse mit den bloßen Händen knackt. Es gab jede Menge Eigenschaften, die ich gerne besessen hätte.

L'homme sera tel qu'il se sera fait: Der Mensch ist das, wozu er sich selbst macht, so Sartre, der Meister des machbaren Menschen. Ich lege das Buch auf den Ladentisch. Seufzend markiert der Buchhändler die aktuelle Seite und lässt sich dazu herab, mich abzukassieren.

Laut Sartre geht die Existenz der Essenz voraus (*l'existence précède l'essence*). Mit anderen Worten: Zunächst existiert man bloß und lebt eine Weile, erst durch die eigenen Handlungen legt man fest, wer man wirklich sein will. Es kann auch genau umgekehrt sein (das Wesen geht dem Sein voraus), allerdings trifft das nach Sartres Auffassung nicht auf den Menschen zu. Angenommen, jemand will einen Tacker konstruieren, dann wird die- oder derjenige von einem bereits bestehenden Konzept ausgehen. Es ist undenkbar, dass jemand rein zufällig, ohne vorab zu wissen, wozu so ein Gerät gut sein soll, etwas Entsprechendes zusammenbastelt. Ein Mensch, der sich selbst erfindet, geht jedoch nicht nach einem vorgegebenen Rezept vor, sondern definiert sich erst nach und nach und ist vollkommen frei in seinen Entscheidungen.

Als meine Freundin sich an jenem Abend in meinem Zimmer umzieht, entdecke ich blaue Flecken an den Innenseiten ihrer Knie. Nein, sie sei nicht gestürzt, sagt sie, sondern inzwischen nur so dünn, dass die Knochen aufeinanderprallen, wenn sie nachts auf der Seite im Bett liegt. Zwischen ihren Oberschenkeln klafft eine handbreite Lücke. Ich betrachte ihre Beine und denke an einen Tacker.

Ist es vielleicht doch möglich, einen Menschen nach Plan zu formen? Das Rezept, an das sich meine Freundin hält, besteht aus einer Reihe von ausgewählten Superfoods, die bis aufs Gramm genau abgewogen werden. Das Bild, dem sie nacheifert, hängt seit Jahren an ihrer Zimmertür: Es ist das Poster von einer schlanken, blonden, braungebrannten Surferin mit einem irre gephotoshopten Taille-Hüft-Quotienten. Sie feilt erbarmungslos an sich, um ihrem Idealbild näherzukommen. *La femme sera telle qu'elle se sera faite* – das schon, aber was ist mit Selbstbestimmung? Freiheit?

Der Archetyp, nach dem meine Freundin an sich herumdoktert, wurde bereits vor Jahren beschrieben. 2001 veröffentlichte das französische Autorenkollektiv Tiqqun, das kurz, aber heftig am philosophischen Firmament aufleuchtete, seine *Grundbausteine einer Theorie des Jungen-Mädchens.* Der dünne Band ist ebenso bitter wie erheiternd und besteht aus einer losen Sammlung von «zufällig angehäufte[n] Materialien von Begegnungen, zum Umgang mit und zur Beobachtung von Jungen-Mädchen» sowie aus Frauenzeitschriften entnommenen Stilblüten. Tiqqun beschreibt die Jung-Frau (*la Jeune-Fille*) als Idealbürgerin der spätkapitalistischen Gesellschaft: ein Mensch, bei dem äußere Erscheinung und Wesen, Darstellung und Realität völlig deckungsgleich sind. Das Junge-Mädchen muss dabei nicht per se jung sein und übrigens auch nicht unbedingt weiblich, wie der geliftete Silvio Berlusconi hinreichend beweist, wenn er Fernsehen mit Politik und Wahrheit mit

Zuschauerquoten verwechselt. Das Junge-Mädchen ist eine «Fassadistin», ein «Körper ohne Geist», dessen Identität nicht ihm selbst gehört, sondern von den Medien und Zeitschriften diktiert wird. (Im Buch findet sich nichts zu Selfies und Facebook, weil es beides bei Drucklegung noch gar nicht gab.) Das Leben des Jungen-Mädchens ist deshalb unweigerlich ein einziges Déjà-vu: Alles ist letztlich nur die unvollkommene Ausführung eines platonischen Modells. Das Buch ist voller Fotos von magersüchtigen Models, pseudo-tiefgründigen Beobachtungen wie «Das Junge-Mädchen ähnelt seinem Foto» und kämpferischen Losungen wie: «Ich mache mit meinen Haaren, was ich will!» Die Freiheit, um die es Sartre ging, läuft beim Jungen-Mädchen hinaus auf «Zen, Speed oder Bio» – so nach dem Motto: Entscheide dich für einen Lifestyle!

Anfangs musste ich beim Lesen der *Grundbausteine* an meine Freundin denken. In dem Jungen-Mädchen erkannte ich bis ins kleinste Detail den Bauplan für ihren Tacker wieder. Ich selbst war diesem Schicksal glücklicherweise entronnen. Ich wurde kein Tacker, schließlich las ich keine Frauenzeitschriften, sondern Sartre.

II

Bei mir zu Hause hing statt einer Surferin ein Schwarz-Weiß-Portrait von einer kurzhaarigen jungen Frau an der Wand, die mit energisch vorgerecktem Kinn in die Kamera blickt. Ein Werbeplakat aus den 1980er Jahren zum Thema Frauenförderung an Universitäten: «*Studeren, niet alleen voor heren*» (Studieren ist nicht nur was für Männer). Und während bei meiner Freundin übermäßiger Süßigkeitenkonsum verboten war, war bei uns zu Hause Eitelkeit tabu. «Sich anmalen», wie meine Mutter das Schminken nannte, war verpönt.

Ich war neun oder zehn Jahre alt, und mein erstes Klassenfest stand bevor. Nach einiger Überzeugungsarbeit durfte ich ein bauchfreies Oberteil tragen, denn das war damals der letzte Schrei, ein schwarzes Tanktop, das ich oberhalb des Bauchnabels abgeschnitten hatte. Von meinem Taschengeld hatte ich Wimperntusche und blauen Nagellack gekauft. Als ich angemalt und verunsicherter denn je aus dem Bad kam, musterte mich meine älteste Schwester mit verschränkten Armen von oben bis unten, seufzte und sagte: «Na ja. Vielleicht verliebt sich ja jemand in deine Augen.»

Mit siebzehn hatte ich mir dann zum ersten Mal Dessous gekauft und damit begonnen, die ausgeleierten Sloggis zu ersetzen, die seit Jahr und Tag unseren Wäscheständer dominierten. Heimlich rief ich eine Reizwäsche-Revolution aus. Da ich es nicht wagte, die Slips in den Wäschekorb zu tun, wusch ich sie von Hand aus. Eines Tages wurde mein gesamtes Untergrundnetzwerk ausgehoben. Meine Familie hatte meine grazilen

Höschen im ganzen Wohnzimmer verteilt, über den Lampenschirm und an die Türklinke gehängt; ein Stringtanga baumelte an einem Bilderrahmen. Als ich hereinkam, gaben meine Familienmitglieder plötzlich eine thematisch passende Version von Aaron Souls *Ring, Ring, Ring* zum Besten.

Es wurde nie laut ausgesprochen, aber ich begriff auch so, dass ich mich entscheiden musste: *books* oder *looks*. Letztlich fühlte ich mich für Bücher besser geeignet. Als es in der Orientierungsstufe darum ging, auf welche weiterführende Schule ich kommen sollte, schrieb mein ernsthaftes elfjähriges Ich: «Ich werde niemals eine Sechs schreiben. Nie!» (In der Grundschule war mir das nicht gelungen; meine Kompetenz im «Umgang mit Enttäuschungen» war eher unterdurchschnittlich.)

Durch ungeheuren Fleiß schaffte ich es, mein Vorhaben in die Tat umzusetzen. Nach intensiven Prüfungswochen schrieb mir meine Mutter manchmal eine Entschuldigung, damit ich zu Hause bleiben konnte: Ich war so müde, dass ich bei den Abendnachrichten in Tränen ausbrach. Bei der allerletzten Klassenarbeit, die ich bei einem verhassten Wirtschaftslehrer schreiben musste, hätte es auch gereicht, wenn ich nur einen leeren Zettel mit meinem Namen darauf abgegeben hätte, um in seinem Fach mit einer 1,7 zu bestehen. Ich malte mir aus, wie es wäre, triumphierend mit dem leeren Blatt nach vorne zu gehen und mich ein einziges Mal wie eine Sechzehnjährige zu verhalten. Aber nein, stattdessen wurde es am Ende eine 1,0.

Auch was das Thema *looks* anging, war ich extrem. Bis zu meinem sechzehnten Lebensjahr ging ich unbekümmert in Latzhosen zur Schule, Schminke fand ich ordinär und ich hatte eine Kurzhaarfrisur. Als ich mich zum ersten Mal ins Amsterdamer Rotlichtviertel verirrte, als mir zum ersten Mal ein Mann gegen meinen Willen unter den Rock griff, als zum ersten Mal eine Freundschaft zu Bruch ging, weil sich ein guter Freund in mich verliebt hatte, waren das alles Erlebnisse, die mich in meiner Überzeugung bestärkten, es sei das Beste, möglichst viel Kopf und möglichst wenig Körper zu sein. Damit schien mir die Frage (Wie geht das eigentlich, Frau sein?) ein für alle Mal elegant gelöst zu sein. Meine Freundin biss sich an ihrem Körper fest, während ich ganz und gar Text werden würde. Meine Haare blieben kurz, ich absolvierte zwei Studiengänge parallel, las alles, was ich in die Finger bekam und kritzelte innerhalb von zehn Jahren stapelweise Notizbücher voll. Mein stummer Reizwäscheprotest wurde durch eine regelrechte Wörterflut bereits im Keim erstickt.

Ein Nachmittag im September: Ich bin fast fünfundzwanzig und sitze auf einer Bank ganz hinten im Park. So weit das Auge reicht, nichts als rostrote Baumkronen. Ich bin spazieren gegangen, weil ich müde war und gehofft habe, dass mir die frische Luft gut tun wird. Aber als ich erst mal sitze, kann ich nicht mehr aufstehen. So sehr ich auch auf meine Beine starre und denke, *Los, lauft schon!* – , sie verweigern mir den Dienst. Meine Beine sind schwer wie Sandsäcke. Es war mir schon öfter passiert, dass ich so lange stillgesessen hatte, bis ich meinen Körper nicht mehr spürte und, ohne mich mit einem Blick zu vergewissern, nicht hätte sagen können, ob meine Beine ausgestreckt oder übereinandergeschlagen waren. Dasselbe Gefühl habe ich jetzt wieder, nur dass mir kein vergewissernder Blick mehr hilft, in meinen Körper zurückzufinden. Mein Kopf ist ein dunkler Dachboden, auf dem ich umherirre, ohne die Luke mit der Leiter nach unten zu finden. Langsam gerate ich in Panik.

In der Jackentasche klingelt mein Handy. Meine eingeschlafenen Hände zittern und werden allmählich wach, und irgendwann schaffe ich es, den Reißverschluss aufzuziehen. Der verpasste Anruf stammt von einer unbekannten Nummer. Ich rufe meinen Vater an und erzähle ihm unter Tränen, dass ich nicht mehr laufen kann.

III

Den Wochen danach fehlen die Worte. Wenn ich etwas lesen will, verschwimmen die Buchstaben, und zum ersten Mal seit Jahren klafft eine große Lücke in meinem Tagebuch. Gleichzeitig traue ich meinem Körper nicht mehr. Ich hole mir ständig blaue Knie: Wenn plötzlich das Licht ausgeht, stürze ich die Treppe hinunter. Die meiste Zeit verbringe ich auf einem Stuhl am Fenster. Während ich den Passanten auf den Kopf gucke und Arnikasalbe auf meine Prellungen auftrage, wird mir bewusst, dass die mentale Bulimie, die ich seit Jahren praktiziere, genauso krankhaft ist wie die körperliche Variante meiner Freundin.

Um mich langsam wieder ans Lesen heranzutasten,

beginne ich mit Gedichten. Die sind schön kurz. Vielleicht liegt es daran, dass ich so selten aus meinem Sessel hochkomme, dass es so still ist in meinem Zimmer und der Staub das Einzige, was sich bewegt, aber zum ersten Mal fällt mir auf, wie körperlich ich auf bestimmte Strophen reagiere. Von Hendrik Marsmans «Sonniger Septembermorgen» bekomme ich Gänsehaut: «Das Licht hängt in den Honigwaben / der Fenster wie ein feuchtes Vlies». Dann mache ich mit den Kurzgeschichten von Isaak Babel weiter, bei dem die Beine des sechsfach vergewaltigten Dienstmädchens riechen wie «frisches Hackfleisch» – eine Beschreibung, bei der sich alles in mir zusammenzieht. Und die pornografische Parodie von Louis Paul Boon *Die obszöne Jugend der Mieke Maaike* entpuppt sich als wirkungsvoller (und witziger) als so mancher durchschnittliche Liebhaber.

Einen gesunden Körper spürt man normalerweise nicht. Ungesunde Körperteile hingegen machen auf sich aufmerksam: eine pochende Wunde, ein tränendes Auge. Nach seinem Generalstreik wird mein Körper noch monatelang Aufmerksamkeit einfordern, während ich mich mit meinem sogenannten «Burnout» herumschlage und allmählich wieder anfange zu schreiben.

Zum ersten Mal spüre ich, wie ich den Text regelrecht aus meinem Inneren freischaufeln muss, wie eng meine körperliche Verfassung mit dem zusammenhängt, was ich produziere. Beim Lümmeln oder im Liegen schreibe ich anders als an meinem Schreibtisch. Mit dem Füller schreibe ich kürzer und pointierter als am Computer. Im Zug schreibe ich schneller als in meinem

Zimmer. Laufen kann einen Text in Gang bringen, der mir bereits seit Tagen Rückenschmerzen bereitet.

Kurzum: Mein Körper glaubt nicht länger an den Dualismus. Die zentrale Annahme in der traditionellen abendländischen Philosophie lautet, dass der Körper ein Ding ist, und der Geist etwas völlig anderes. Die zwei verhalten sich zueinander wie gute Nachbarn. Der heftige Wildwuchs des Körpers wagt es normalerweise nicht, auch nur einen Spross über den Gartenzaun des Geists zu strecken. Sprache, der völlig abstrakte Code, mit dem zivilisierte Tiere kommunizieren, wird wie selbstverständlich radikal in die Domäne des Geistes verbannt.

Aber ist Sprache wirklich so abstrakt? Der erste Text, der mich vom Gegenteil überzeugte, war das legendäre Buch *Leben in Metaphern* von George Lakoff und Mark Johnson. Die beiden Autoren belegen, dass Metaphern nicht nur ein sprachliches Stilmittel sind, sondern unser Denken und Handeln völlig durchdringen, ganz einfach weil unsere Wahrnehmung der Welt grundlegend metaphorischer Art ist. Wir versinnbildlichen abstrakte Begriffe wie Zeit, Liebe und Streit *immer* in ganz konkreten Bildern. Deshalb sind unser Denken und unsere Sprache im Grunde etwas höchst Sinnliches und Körperliches.

Lakoff und Johnson gehen sogar noch weiter. Da alle Menschen einen Körper besitzen, und alle Körper denselben Naturgesetzen unterliegen, sind viele unserer Metaphern sowohl systematischer als auch universeller Natur. Hier ein einfaches Beispiel: Wer verwundet, müde oder tot ist, liegt flach. Was stark und gesund ist, steht aufrecht. Fazit: alles, was aufwärts gerichtet ist, ist gut. Nicht umsonst ist man «down» oder niedergeschlagen; man schaut zu jemandem auf; gute Neuigkeiten sind aufbauend; man ist in Topform, hat eine Hochphase oder ist hervorragend. In allen Sprachen der Welt ist Feuer eine Metapher für Liebe, weil wir sie mit Körperwärme assoziieren und so weiter. Seit *Leben in Metaphern* 1980 erschien, ist eine eigene Fachrichtung dazu entstanden. Die sogenannte *grounded* oder *embodied cognition* erforscht, inwiefern unser Denken in unserem Körper verankert ist. Zum Beispiel wird beim Lesen des Wortes *treten* dasselbe Hirnareal angesprochen, wie wenn man tatsächlich tritt. Das heißt, dass auch jener Ort, an dem ich glaubte, meinem Körper gänzlich entfliehen zu können – der Text – der Schwerkraft unterliegt, Wärme und Kälte, Lust und Schmerz empfindet, aus Fleisch und Blut, aus Nerven und Synapsen besteht. Man denkt mit dem Darm. Man liest mit den Beinen. Man spricht mit den Händen. Man schreibt mit seinem Leib.

Um noch einmal auf Sartre zurückzukommen: Der Mensch mag zwar frei in einem Meer aus Möglichkeiten dahintreiben, ist aber an den Körper, *mit dem*, und an das Wasser, *in dem* er schwimmt, gebunden. Freiheit beginnt damit, diese Gebundenheit zu akzeptieren. Wer sich ständig nur über die Flecken auf der Fensterscheibe ärgert, hat keinen Blick für den Himmel mehr.

Lange habe ich geglaubt, dass gerade Körperlosigkeit Freiheit bedeutet – denn was ist freier als ein Geist ohne Körper? Erst als beide gleichzeitig streikten, verstand ich, dass mein Schreiben ohne meinen Körper unvollständig ist. All die behutsam gehütete Wärme, die verletzliche Hülle, die Gänsehaut, die Lust, das Bauchweh – sie gehören untrennbar dazu. Genau wie all die seltsamen Schrauben und Federn, die übrig blieben, als ich mit meinem sorgfältig auf Vordermann gebrachten Tacker fertig war. Solange ich es nicht wage, diesen Körper zuzulassen, bleiben meine Euphemismen die verbale Verlängerung meiner Nackenschmerzen. Ich kann nur dann frei durch die beiden benachbarten Gärten meiner Sprache streunen, wenn ich den Zaun einreiße, der sie voneinander trennt.

Was diese Erkenntnis alles so mit sich bringt, schreibe ich später auf. Jetzt ist erst mal Zeit für einen langen Sommer voller Düfte, die niemand festhält. Für Abende, an denen Tanzen die einzige Stilübung darstellt. Erst will ich noch die tantrische Poetik studieren. Die Grammatik der Nerven, den Mittel- und Endreim der Körper, Ernährungsempfehlungen gegen literarische Verfehlungen.

Mit blauen Flecken hat noch niemand einen beschwingten Roman geschrieben.

Was mit dem Kopf passiert, wenn man den Körper vergisst

Der Körper als Kopfwehdossier

Noch nie hat der Mensch so wenig mit den Händen und so viel mit dem Kopf gearbeitet. Man könnte regelrecht meinen, der Körper wäre in erster Linie dafür da, das Gehirn von A nach B zu tragen.

Aber von einem Vehikel, dessen Vorhandensein man nur zu gern vergisst, solange es reibungslos funktioniert, hat sich der Körper in den letzten Jahren immer mehr zu einem alles beherrschenden Thema entwickelt. Qualitätszeitungen widmen neuen Ernährungstrends ganze Seiten, und in den Feuilletons wimmelt es nur so von populärwissenschaftlichen Titeln, die erklären, wie sehr Gehirn oder Darm unser Verhalten bestimmen. Auch im Alltag stolpert man ständig über Superfoods, Yogastudios und Vitaminläden und wird gleichzeitig links und rechts von Leuten überholt, die iPhones um den Oberarm geschnallt haben. Diese sollen den Körper beim Sport überwachen.

Trotzdem habe ich nicht unbedingt das Gefühl, dass wir deswegen besser mit unserem Körper umgehen – ja ich glaube sogar, dass wir uns ihm immer mehr entfremden.

Aufgrund meines eigenen Burn-outs habe ich mich gefragt, ob etwas an unserer kollektiven Einstellung zum Körper ein Ausbrennen unseres Geistes eher befördert.

Burn-out – was ist das eigentlich?

«Einer von sieben Arbeitnehmern leidet unter Burn-out-Symptomen», so das Zentrale Amt für Statistik (CBS) der Niederlande im November 2015. Das sind eine Million Niederländer.

Obwohl Uneinigkeit über die genaue Definition herrscht, wird mit «Burn-out» im Allgemeinen eine geistige Erschöpfung bezeichnet, die zu anhaltenden emotionalen, kognitiven und psychosomatischen Beschwerden führt. Das Masloch Burn-out-Inventar (MBI), der bei Weitem gebräuchlichste Test für die Diagnose eines Burn-outs, nennt emotionale Erschöpfung, Zynismus und Ineffizienz als Kriterien. Der Spezialist Wilmar Schaufeli schreibt, dass relativ wenig über die Ursachen eines Burn-outs bekannt ist und erwähnt in diesem Kontext keinerlei körperliche Aspekte. Es handelt sich um eine psychische Störung, die wenn überhaupt körperliche *Folgen* haben kann.

Wissenschaftler sehen einen Zusammenhang zwischen der Zunahme von Burn-outs und dem Wandel von der Industrie- zur Dienstleistungsgesellschaft. Vereinfacht gesagt: Je weiter entwickelt, je liberaler und je privatisierter die Wirtschaft eines Landes ist, desto größer ist der Bevölkerungsanteil mit stressbedingten Beschwerden. Diese Beschwerden treten in einem immer früheren Alter auf. Laut den Zahlen des CBS ist die Altersgruppe der 25- bis 34-Jährigen am stärksten betroffen; fünfzehn Prozent von ihnen laufen Gefahr, sich ausgebrannt zu fühlen. Ansonsten scheinen Frauen häufiger und früher mit Burn-out-Symptomen zu kämpfen als Männer.

Als ich mich mit dem Thema Burn-out beschäftigte, fielen mir zwei Dinge auf: Erstens dass es ein allgemeiner Trend ist, der meist mit individuellen Lösungen bekämpft wird (mit einem Sabbatical, mit neuen Hobbys oder Lavendelöl). Zweitens dass es als geistige Störung gilt: Es ist die überspannte Psyche, die dem Körper Herzrasen und undefinierbare Schmerzen beschert.

Der Stress, der zu einem Burn-out führt, kann verschiedenste Ursachen haben: eine hohe Arbeitsbelastung, Beziehungsprobleme, Geldsorgen und vieles mehr. All das lasse ich hier außen vor. Die körperlichen Folgen eines Burn-outs scheinen bei der Diagnostik und allgemeinen Beschreibung weniger wichtig zu sein als die psychischen, und von körperlichen *Ursachen* ist erst recht nicht die Rede.

Doch genau das fehlte mir bei der üblichen Aufzählung, nämlich die Rolle des Körpers. In den Monaten, in denen ich mit mehr oder weniger unbrauchbaren Gliedmaßen und einem Gehirn von der Größe einer Walnuss in einem Sessel am Fenster saß und überlegte, wie es nur so weit hatte kommen können, kam mir der Gedanke, dass mein Körper vielleicht mehr ist als eine bloße Anzeigetafel, die angibt, was in meinem Kopf schiefgelaufen ist. Wäre ich auch in diesen Zustand geraten, wenn ich von Anfang an anders mit meinem Körper umgegangen wäre?

Warum Burn-outs heute ein größeres Problem sind denn je

Im Vorfeld hätte ich das niemals für möglich gehalten. Es ist schließlich nicht so, dass ich mich nicht wohl in meiner Haut gefühlt hätte – ich war vielmehr gar nicht mehr richtig darin anwesend. Ich kümmerte mich kaum um mein Äußeres, und Diäten fand ich unsinnig. Wenn ich mir über eines nicht den Kopf zerbrechen wollte, dann über meinen Körper: Darüber nachzudenken war nur was für eitle Fitnessfuzzis. Für mich gab es bloß «entweder oder», entweder Proust *oder* Proteinshakes, und da fiel mir die Entscheidung nicht schwer.

Die Vorstellung, dass man sich zwischen Geist und Körper entscheiden *muss*, hat der Philosoph Damon Young schön beschrieben. In seinem Buch *How to Think About Exercise* führt er das Stereotyp des hirnlosen Fitnesshelden auf Platon zurück, für den der Geist das schlechthin Wahre war (den Körper empfand er bloß als bedrückend), außerdem auf René Descartes, der allem Körperlichen genauso misstraute. Nimmt man dann noch zweitausend Jahre Christentum dazu – Passagen wie «Die aber fleischlich sind, können Gott nicht gefallen», Römer Kap. 8, Vers 8 – oder besser gesagt dessen von Stoizismus und der Philosophie der Aufklärung geprägte, anti-sinnliche Interpretation –, hat man es mit einem fest verankerten Dualismus zu tun.

Die Trennung von Körper und Geist ist also wahrhaftig nicht neu. Sehr wohl neu sind dagegen das steigende Bildungsniveau und der Wandel zur Dienstleistungsgesellschaft, in der manuelle Arbeit zunehmend von geistiger Arbeit verdrängt wird und technischer Fortschritt körperliche Arbeit und körperlichen Kontakt stets überflüssiger macht – Entwicklungen, die diesen Dualismus laut Young extrem befördern.

Unzufrieden mit dem eigenen Körper

Ebenfalls neu ist das Ausmaß, in dem wir mit unserem Körper unzufrieden sind. *The Oxford Handbook of Psychology of Appearance* behauptet, dass «zwischen 55 und 75 Prozent der Frauen mit ihrem Körper unzufrieden sind.» In diesem Handbuch steht auch, dass mehr als die Hälfte der britischen jungen Frauen zwischen sechzehn und einundzwanzig eine Schönheitsoperation in Erwägung ziehen, und dass 59 Prozent der fünf- bis achtjährigen Mädchen gern dünner wären. Seit einigen Jahren spricht man sogar von ***normative discontent:*** Dieser Begriff besagt, dass Unzufriedenheit mit dem eigenen Aussehen keine Ausnahme, sondern die Regel ist – und das nicht mehr nur bei Frauen.

Forschungen haben gezeigt, dass diese Unzufriedenheit in der ersten Hälfte des 20. Jahrhunderts stark zugenommen hat. *Psychology Today* führte beispielsweise

1972, 1985 und 1996 aufsehenerregende Studien durch: Waren 1972 noch 23 Prozent der (amerikanischen) Frauen und 15 Prozent der Männer mit ihrem Körper unzufrieden, waren es 1996 schon 56 beziehungsweise 43 Prozent.

Mind over matter

Dieser Dualismus und diese Unzufriedenheit schlagen sich auch in der wachsenden Anzahl von Schönheitsoperationen und Essstörungen nieder. Vor allem Magersucht ist als extreme Variante von ***mind over matter*** (Geist über Materie) bekannt. In ihrem bahnbrechenden Buch *Der goldene Käfig* aus dem Jahr 1978 fasste die Psychoanalytikerin Hilde Bruch das Ideal ihrer Patienten mit der Formulierung «Geist über Körper» zusammen. Sie zitiert eine Patientin wie folgt: «Mein Körper wurde zum sichtbaren Symbol reiner Askese und Ästhetik (…) Alles wurde sehr intensiv und hoch intellektuell, doch absolut unantastbar … Man hat das Gefühl, außerhalb seines Körpers zu stehen.»

Bruch schreibt: «Viele erleben sich und ihren Körper als getrennte Einheiten, voneinander, und sie halten es für die Aufgabe des Geistes, den aufsässigen und verachteten Körper zu kontrollieren.» Und kurz darauf: «In diesem Vorstellungsrahmen erscheint es als höchste Tugend, keinem körperlichen Begehren mehr nachzugeben.» Jedes Bedürfnis nach Nahrung wird also aufs Äußerste geleugnet. «Hunger ist nicht die einzige

Forderung des Körpers (...) der Müdigkeit nicht nachzugeben, wird als gleich hoch eingeschätzt (...) Der Körper und seine Forderungen müssen jeden Tag, jede Stunde und jede Minute unterjocht werden.» In einem Pro-Anorexia-Blog schrieb neulich ein Gast: «Ich trainiere mein Gehirn dahingehend, Hunger als angenehmes, fast euphorisches Gefühl wahrzunehmen, und das hilft enorm!» Der Titel dieses Threads? *«Mind over matter»*.

Seit Erscheinen des Buches *Holy Anorexia* von Rudolph M. Bell aus dem Jahr 1985 werden Stimmen wie die von Hilary Mantel laut, die sagen, dass religiöse Askese und Magersucht grundlegende Gemeinsamkeiten aufweisen. Dazu zählt auch die Abscheu gegenüber allem Fleischlichen und eine heldenhafte Rhetorik über den Kampf, bei dem das höhere Gut (der Geist) das niedrigere (den Körper) züchtigen muss.

Natürlich besteht zwischen «Sich nicht wohl in seiner Haut fühlen» und «Nur im Kopf leben wollen» kein eindeutiger Zusammenhang. Ursache und Wirkung sind unmöglich exakt voneinander zu trennen. Aber beide Phänomene verweisen auf ein wachsendes Unbehagen gegenüber dem eigenen Körper.

Wenn man mit etwas unzufrieden ist, versucht man in der Regel, etwas daran zu ändern, oder aber man wendet sich ab. Ist Ersteres der Fall, kann man versuchen, dem mit Hilfe von Photoshop herbeifantasierten Idealbild durch eine Schönheitsoperation oder Crash-Diät nachzueifern. Trifft Letzteres zu, beschließt man, dass nur der Geist dem wahren Ich entspricht und ignoriert den Körper überwiegend. In beiden Fällen lautet die Devise jedoch: *Mind over matter*.

Mein Verhältnis zu meinem Körper beschränkte sich auf Desinteresse und milde Verachtung. Manchmal stellte ich mir vor, wie praktisch es doch wäre, ohne Körper leben zu können. Schluss mit Fortbewegung, Ernährung, Erkältungen: Wie viel Zeit sich so sparen ließe! Es war mir nicht wichtig, was ich aß, und über körperliche Gebrechen und Erschöpfung war ich (jung und kerngesund wie ich war) natürlich erhaben. Der Erschöpfung nachzugeben, hätte bedeutet, einen Kniefall vor dem Körper zu machen.

Diese Einstellung besaß viele Vorteile. Sie ermöglichte es mir zum Beispiel, zwei Vollzeitstudien parallel zu absolvieren, dreimal die Woche Rugby zu spielen *und* noch zu schreiben. Das Fleisch ist nur so schwach (oder so stark) wie der Geist! Wenn wir im Büro Überstunden machen und unsere Erschöpfung mit Kaffee hinunterspülen, wenn wir uns ausschließlich von Salat ernähren oder für den Halbmarathon trainieren, ignorieren wir körperliche Signale. Das hilft uns dabei, Leistung zu bringen, wir schieben die eigenen Grenzen hinaus, indem wir sie Richtung Willensgrenze verschieben. Dass ich in jedem Urlaub krank wurde – die sogenannte «Freizeitkrankheit» bekam –, nahm ich in Kauf, weil ich ja so herrlich produktiv war.

Ich wurde so gut darin, meine Grenzen zu ignorieren, dass ich sie nicht mal mehr spürte. Noch heute empfinde ich Erschöpfung und Muskelkater als angenehm, weil sie ein Zeichen dafür sind, dass ich mich angestrengt habe.

Ab und zu scheine ich doch etwas von meiner Entkoppelung von Kopf und Körper bemerkt zu haben. Denn wenn diese ausnahmsweise wieder zusammenfanden, war das ein außergewöhnlicher Moment, der es verdiente, festgehalten zu werden.

… und sie überschreiten

Mein Burn-out war eine brutale Umkehr dieser Situation: von wegen ***mind***, nur noch ***matter***. Ganz so als würde sich mein Körper, den ich so sehr tyrannisiert hatte, rächen, indem er mir nicht länger gehorchte. Ich war zu gar nichts mehr in der Lage: weder zum Lesen noch zum Schreiben noch zum Reden. Ein paar Freunde trocknen ihre Teller noch heute mit den Geschirrtüchern ab, die ich in mühsamen Zehnminuten-Intervallen im Kreuzstich bestickt habe. Sinnliche Eindrücke drohten mich regelrecht zu erschlagen. Ein Gespräch zu führen, fühlte sich an, als würde mir jemand direkt ins Ohr brüllen, und manchmal schaffte ich es nicht, einem Satz von Anfang bis Ende zu folgen. Dann starrte ich auf die sich bewegenden Lippen und dachte nur: ***Oh nein, gleich muss ich irgendwas darauf sagen!*** Wenn ich die Augen schloss, befand ich mich in einem mentalen Raum, der gerade mal so groß war wie eine Streichholzschachtel und in dem höchstens drei Gedanken gleichzeitig Platz hatten. Mit Herzrasen, Schmerzen und Hyperventilation forderte stattdessen mein Körper all meine Aufmerksamkeit.

Im Nachhinein lässt sich unmöglich sagen, welche Rolle mein Körper bei diesem Zusammenbruch gespielt hat. Aber die Situation kippte bei einem anstrengenden Fahrradurlaub. Ich wollte mit meinem Vater vom italienischen Alexandria in die Schweiz radeln. (Untrainiert über die Alpen? Aber klar doch, mit reiner Willenskraft.) Es waren 38 Grad im Schatten, und wenn Regen fiel, verdampfte er, noch bevor er den Boden erreicht hatte. Auf halber Strecke lagen wir irgendwo in dem von der Sonne versengten Gras und ruhten uns aus, als mein Vater sagte: «Wie dein Herz rast!» Das wilde Pochen ließ sich an meiner Halsschlagader ablesen.

Ich brachte die Tour noch mit Anstand zu Ende, bevor ich endgültig zusammenklappte. Anschließend brauchte ich mehr als ein Jahr, um meinen Puls wieder runterzukriegen. Natürlich war die körperliche Erschöpfung nicht die Ursache – ich war schon seit Längerem wegen anderer Dinge gestresst –, aber sie markierte den Beginn des großen freien Falls. Das ganze System war überlastet und brach völlig zusammen.

Während meines Burn-outs, aber auch davor und danach, schien die Verbindung zwischen Kopf und Körper urplötzlich wegbrechen zu können. Das bekam ich leider vor allem dann zu spüren, wenn ich gerade eine Treppe hinunterging. An meinem Schienbein sieht man noch heute Kerben von der Rolltreppe im Den Haager Hauptbahnhof. Aber auch in den Bahnhöfen von Arnheim und Amsterdam sowie zu Hause fiel ich die Treppe runter. Ich konnte meinem Körper nicht mehr vertrauen und hatte Angst, das Rad zu nehmen. Letztlich waren es nicht meine ursprünglichen mentalen Probleme, sondern meine körperlichen Reaktionen darauf, die mich erst richtig in Panik gerieten ließen – womit sich der Teufelskreis aus Herzrasen und schlaflosen Nächten endgültig schloss.

So gut wie möglich fallen

Im April 1946 – der Zweite Weltkrieg war vorbei und verloren – sorgte der japanische Schriftsteller Sakaguchi Ango mit seinem Essay «Über die Dekadenz», für einen Riesenskandal. Darin wendet er sich gegen die strengen Regeln des Samurai-Kodex, der verhindern sollte, dass Japan der Dekadenz verfällt. Dieser Kodex sah vor, dass sich eine anständige Kriegswitwe nie mehr verlieben darf. Schriftstellern war es sogar verboten, eine verliebte Witwe auch nur zu erwähnen! Gemäß dieses Kodexes wurden auch siebenundvierzig Samurai exekutiert, um ihnen die Schmach eines Lebens als Besiegte zu ersparen.

Ango schildert diesen Kodex als Regelwerk, das der Natur und dem Instinkt des Menschen grundlegend widerspricht. Er bezeichnet ihn nicht nur als inhuman, sondern auch als sinnlos, da es unmöglich sei, der Dekadenz Einhalt zu gebieten – so sei der Mensch nun mal. «Wir fallen, weil wir Menschen sind. Allein dadurch, dass wir leben, fallen wir», schreibt er. Dieses Fallen ist unvermeidlich, ja sogar notwendig: «Wir müssen zu uns selbst finden und uns retten, indem wir so gut wie möglich fallen.»

Ango plädiert dafür, sich statt an einem inhumanen Kodex lieber an menschlichen Grundinstinkten zu orientieren. Denn nur in der Dekadenz liegt die Wahrheit, der tiefe Fall, der es einem überhaupt erst ermöglicht, wieder aufzustehen.

Jeder Mensch muss fallen. Natürlich haben mich diese Zeilen sehr berührt, denn genau das hatte ich im eigentlichen und übertragenen Sinne auch getan: Ich war gefallen. Außerdem war ich um eine Illusion ärmer – nämlich, dass mein Körper sich meinem Geist unterzuordnen hat und damit basta!

Aber fallen ist die eine Sache: so gut wie möglich fallen schon wieder eine ganz andere.

Der gehorsame Körper

Als ich dann meinen Zusammenbruch hatte, dachte ich: Na gut, Körper, ich habe deine Botschaft verstanden! Von nun an werde ich mich besser um dich kümmern.

Mit dem Fanatismus einer Frischbekehrten legte ich los. Ich las alles über gesunde Ernährung, Bewegung und Entspannungstechniken, informierte mich bei Krankenkassen und wandte das erworbene Wissen brav an.

Schon bald folgte ein gesundes Ritual aufs andere: Es begann mit einer Minute kalt Duschen. Alles, was ich aß, war frisch oder aus Vollkorn. Ich ging jeden Tag spazieren. Kaffee und Tee schwor ich ab, und weil Schlafhygiene so wichtig ist, gewöhnte ich mir feste

Zeiten an, zu denen ich das Licht löschte. Vor dem Zubettgehen trank ich noch eine Tasse warme Milch. Nach zweiundzwanzig Uhr waren leuchtende Displays tabu. Ich achtete darauf, dass ich genügend schlief und dass mein Puls nicht zu hoch war. Ich ließ mich massieren und schluckte haufenweise homöopathische Schlaftabletten, Nahrungsergänzungsmittel und dergleichen mehr.

Ich erholte mich, und nach einer gewissen Zeit konnte ich wieder arbeiten. Aber irgendwann riss die Genesungskurve ab. Immer wieder litt ich unter Symptomen, die mich während des Burn-outs überfallen hatten: Dann lag ich mit Herzrasen wach und hatte ein Piepen im Ohr. In regelmäßigen Abständen erlebte ich einen kleinen Zusammenbruch und musste dann wieder für ein paar Tage oder Wochen aufhören zu arbeiten.

Es kann Jahre dauern, bis man sich von einem Burnout erholt hat, sagte mir mein Arzt damals, und dieser Prozess verläuft selten ohne Zwischenfälle. Mal ist alles super, und dann machen sich die Symptome wieder heftig bemerkbar. Das heißt nicht, dass man die Genesung nicht unterstützen kann, aber die Herangehensweise ist wichtig. Mit meiner lag ich jedenfalls weit daneben.

Ein Freund sagte mal im Spaß, dass es gesünder sei, wenn ich mehr Wein und Spareribs konsumieren und ab und an eine Nacht durchmachen würde. Aber es dauerte, bis ich begriff, warum er völlig recht damit hatte. Obwohl mein neuer Tagesablauf aus lauter Sachen bestand, die für sich genommen total gesund sind, war er gleichzeitig ein Signal dafür, dass ich meinem Körper nicht traute. Ich war fest davon überzeugt, dass er nur weiterfunktionieren würde, wenn ich ihn bis ins kleinste Detail kontrollierte, pflegte, begleitete. Die Aufmerksamkeit, die ich meinem Körper schenkte, wurde selbst zum Stressfaktor: Wenn ich mich nervös hinlegte, um in mich hineinzuhorchen, zu ergründen versuchte, ob mein Herz auch nicht zu schnell schlug, begann es erst recht zu rasen.

Ich konnte Avocados essen und Lavendelöl schnuppern so viel ich wollte – wirklich gut fühlte ich mich trotzdem nicht.

Der Wellness-Kult

Jetzt, wo ich es aufschreibe, scheint es klar auf der Hand zu liegen: Ich habe es einfach übertrieben. Dass ich das anfangs gar nicht merkte, hatte bestimmt auch etwas damit zu tun, dass ich nicht allein war in meinem Bestreben, so gesund zu leben, dass es fast schon wieder ungesund ist. Bei meinem Versuch, mich von meinen Beschwerden zu erholen, folgte natürlich auch ich einem Trend.

Auf Ernährung und die körperliche Gesundheit zu achten, ist absolut angesagt. Die Zeitung *Volkskrant* rief das Jahr 2015 zu dem Jahr aus, in dem der Nahrungsstress seinen Höhepunkt erreichte. Wir machen uns Sorgen über Milchprodukte, Gluten und verarbeitete Nahrungsmittel. Zucker ist das neue Rauchen, und es scheint so gut wie kein Lebensmittel mehr zu geben, das nicht mit Krebs in Verbindung gebracht wird. Ich habe Freunde, die ausschließlich Kokosfett zum Braten verwenden oder sich möglichst nur noch von Rohkost ernähren. Und das ist längst nicht mehr extrem: Sogar die Blättchen großer Supermarktketten enthalten Quinoa-Rezepte.

Dieses Gesundheitsbewusstsein hat unerwünschte Nebenwirkungen. Manchmal führt der Gesundheitskult sogar geradewegs in die sogenannte «Orthorexie», zu einer regelrechten Besessenheit von gesunder Ernährung und Sport. Steven Bratman, der diesen Begriff prägte, schildert in einem klugen Essay, wie er sein Wohlbefinden durch gesunde und naturbelassene Ernährung steigern wollte. Für ihn waren die bemitleidenswerten Gestalten, die sich mit Chocolate-Cookies und Pommes vollstopfen, bloß Tiere, die nicht mehr können als ihre Geschmackspapillen befriedigen. Ständig hielt er Freunden und Verwandten Vorträge über die Gefahren, die von verarbeiteten Lebensmitteln und Pestiziden ausgehen. Das änderte sich erst, als er merkte, dass es ihm besser ging, wenn er sich mit Freunden eine Pizza teilte statt allein zu Hause vor seinem Rosenkohl zu sitzen.

Was sich messen lässt, lässt sich auch verbessern

In direktem Zusammenhang mit dem Kult um gesunde Ernährung steht auch das sogenannte *Quantified Self*, der Trend, sich ständig mit Hilfe des Smartphones und sogenannter *Wearables*, den schlauen Nachfahren des Schrittzählers, zu überwachen. Das heißt dann *Self-Tracking*, und die meisten Messungen sind gesundheitsbezogen. Das Aufzeichnen von Schlafmustern, Kalorienzufuhr, Bewegung, Puls, Blutdruck, ja sogar von Gehirnwellen ist schon lange nicht mehr nur etwas für Daten-Nerds. Die Gesundheits-App ist die Kategorie im Google Play-Store, die am häufigsten heruntergeladen wird.

Sinn und Zweck der Datenmengen ist der, die gemessenen Werte korrigieren zu können. «Es gibt nur wenige oder aber gar keine Beispiele für *Lifelogging-Apps*, die nicht der Selbstoptimierung und Rationalisierung dienen sollen», schreibt die Kulturtheoretikerin Jill Walker Rettberg zu diesem Thema. Die so gewonnenen Daten sollen einem dabei helfen, bestimmte Muster zu entdecken: Vielleicht weist ja Vieles daraufhin, dass man nach dem Sport besser schläft, also kann man sein Verhalten entsprechend anpassen.

In Zukunft soll diese Selbstvermessung eine wichtige Rolle im Gesundheitswesen spielen: Nicht nur in den Niederlanden bieten Krankenkassen schon jetzt Rabatte an, wenn man Gesundheits-Apps wie RunKeeper benutzt oder «gesunde Fotos» hochlädt.

Mit anderen Worten: Die engmaschige Überwachung des eigenen Körpers scheint immer mehr zur Regel, ja fast schon zur Pflicht zu werden. In diesem Kontext fiel es mir zunächst gar nicht auf, dass ich es womöglich ein bisschen übertrieb.

Das Comeback des Körpers

Nicht nur im Alltag, sondern auch in der Philosophie bekommt der Körper immer mehr Gewicht. Kognition wurde jahrhundertelang als etwas Geistiges betrachtet, aber in den letzten Jahrzehnten wurde es auch zu etwas Körperlichem. Die Vorstellung von der «verkörperten Kognition» kam auf.

Kurz gesagt bedeutet das, dass das Denken stets an einen Körper gebunden ist. Es existiert nicht unabhängig davon, und die Befindlichkeit dieses Körpers wirkt sich auch auf das Denken aus.

Diese Vorstellung reicht weit in die Vergangenheit zurück. So sah der griechische Philosoph Sokrates ein, dass körperliches Wohlbefinden eine Voraussetzung ist, um wirklich klar denken zu können. Laut ihm ist der Körper für alle menschlichen Handlungen wichtig, und bei jeder einzelnen sollte er so fit wie möglich sein. Sogar bei der Handlung des Denkens, bei der man die geringste körperliche Unterstützung voraussetzt, würden schlimme Fehler bekanntlich häufig durch körperliches Unwohlsein verursacht, so Sokrates. Im 20. Jahrhundert war die Phänomenologie eines Edmund Husserl oder Maurice Merleau-Ponty von großer Bedeutung für die Rolle unseres Körpers beim Denken.

Aber auch die moderne Wissenschaft führt immer mehr Belege für die enge Verflechtung von Körper und Geist an. Obwohl ich seit meinem Burn-out dazu tendiere, diese Sichtweise zu teilen, kann ich mir über die letzten Verästelungen ihrer wissenschaftlichen Begründung kein Urteil anmaßen. Es geht mir eher darum, wie diese Vorstellung unser Verhalten beeinflusst.

Dann ist da noch Dick Swaabs Bestseller über die entscheidende Rolle der Hirnphysiologie (*Wir sind unser Gehirn*) neben all den anderen populärwissenschaftlichen Sachbüchern, die in den letzten Jahren darauf hingewiesen haben, wie sehr der Körper unseren Geist beherrscht. Mit Varianten in Bezug auf ganz spezifische Körperteile: Man erinnere sich an Titel wie *Der Darm denkt mit* oder *Darm mit Charme.*

Damit verbunden ist die Vorstellung, dass wir unseren Körper durch bewusstes Eingreifen formen können – und zwar nicht nur unseren Bizeps, sondern auch unser Gehirn. Wissenschaftler schreiben, dass unser Gehirn plastisch ist und sich stets weiterentwickelt – und zwar abhängig davon, wie wir es benutzen. Meist geschieht das unbewusst, aber immer öfter begegne ich Appellen, diesen Prozess bewusst zu steuern. In *Psychology Today* gibt es beispielsweise die beliebte Rubrik *«Use Your Mind To Change Your Brain»* («Benutz deinen Geist, um dein Gehirn zu verändern»). Sie wünschen sich einen dickeren Kortex oder eine wohlgeformte Insula? Dann versuchen Sie es doch mal mit Meditation!

Die Vorstellung, dass unser Gehirn plastisch ist, bietet einen Ausweg aus deterministischen Denkweisen. Denn wenn wir davon ausgehen, dass das Denken einen Körper hat, und dass dieser Körper formbar ist, können wir – mit Hilfe von Superfoods, *Self-Tracking* und gezielten Übungen – versuchen zu beeinflussen, wie der Körper *uns* beeinflusst.

Wie wir unseren Körper disziplinieren

Wer «formbarer Körper» sagt, sagt Michel Foucault. In seinem bekanntesten Buch *Überwachen und Strafen* aus dem Jahr 1975 beschreibt der französische Philosoph die Entstehung der «Disziplinargesellschaft». Seit dem 19. Jahrhundert wendet der Staat keine Körperstrafen, sondern subtilere Methoden an, um seine Bürger klein zu halten: Überwachung und Disziplin. Er bringt seine Bürger dazu, ein bestimmtes Verhalten an den Tag zu legen bzw. es zu unterlassen. Dazu zählt auch, dass Frauen lernen, nicht breitbeinig dazusitzen, Soldaten auf Gehorsam gedrillt werden und Kinder in einem stets jüngeren Alter abgeprüft und benotet werden.

Solche Disziplinarmaßnahmen dringen laut Foucault in fast alle Lebensbereiche vor. Die Zeit und bestimmte Tätigkeiten werden in stets kleinere Einheiten unterteilt, damit jede davon überwacht und rentabel gemacht werden kann.

Kennzeichnend für die Disziplinargesellschaft ist auch, dass die Kontrolle zwar von den Machthabern ausgeht (Foucault nennt Institutionen wie Fabrik, Schule, Armee oder Krankenhaus), die Menschen sich aber auch selbst disziplinieren, sobald sie um ihre Beobachtung und Bewertung wissen. Ohne sich dessen bewusst zu sein, kontrolliert sich das disziplinierte Individuum *freiwillig*. Dabei verschwimmen die Grenzen zwischen dem, was wir wollen, weil es so vorgesehen ist, und dem, was wir «tatsächlich» «selbst» wollen.

Dazu passt die bereits beschriebene Entwicklung des *Quantified Self* ganz hervorragend: Fremde Blicke üben

Druck aus, und das kann man sich prima zunutze machen. Zum Beispiel mit Hilfe einer App, die kontrolliert, wie oft man bei Facebook ist: Allein schon die Tatsache, dass man beobachtet wird, sorgt dafür, dass man brav durcharbeitet anstatt sich in dem sozialen Netzwerk zu tummeln. Bei Foucault heißt das: das Wissen um die eigene Sichtbarkeit bewirkt, dass man die Disziplin verinnerlicht. Foucault wusste natürlich noch nichts von *Self-Tracking* oder *Lifelogging* (Kameras, die alle dreißig Sekunden ein Foto machen; Fitnessarmbänder, die den Puls messen und GPS-Koordinaten registrieren). Wer ein Smartphone besitzt, ist heute buchstäblich selbst Träger einer «disziplinierenden Macht».

Je kleiner die gemessenen Details desto größer die Kontrolle – und je größer die Kontrolle desto höher die Produktivität. Wir schlendern nicht nur eine Stunde durch die Gegend – wir zählen Schritte, damit auch noch der Gang zur Kaffeemaschine sichtlich «rentabel» ist.

Der Körper wird also umso rentabler, je gehorsamer er wird und umgekehrt. Gut, aber was genau ist das Problem? Wir wollen doch alle gern rentabel und produktiv arbeiten, oder etwa nicht?

Was hat Foucault mit dem Burn-out zu tun?

Ich zitiere Foucault, um zu zeigen, dass aus dem Versuch, sich besser um den Körper zu kümmern, schnell der Versuch werden kann, den Körper zum Gehorsam zu zwingen. Und diese Gehorsamkeit hat laut Foucault ihren Preis: Sie macht den Körper sowohl stärker als auch schwächer, indem sie die dem Körper innewohnende Energie kanalisiert … und letztlich gegen ihn richtet. Disziplin unterwirft den Körper und beraubt ihn der Fähigkeit, *nicht* zu gehorchen.

Ich fragte mich zunehmend, ob ich durch meine Achtsamkeit, meine Übungen und mein neu erworbenes Wissen über gesunde Ernährungs- und Verhaltensmuster nicht vor allem darin besser wurde, meinen Körper auf eine noch raffiniertere Art in den Dienst meines Kopfes zu stellen (oder genauer gesagt in den Dienst eines mir von außen aufoktroyierten Pflichtbewusstseins).

Ich stellte beispielsweise fest, dass ich bei extremer Müdigkeit von bestimmten Yoga-Posen profitierte: Wenn ich mich kurz zehn Minuten auf den Boden legte und die «Totenstellung» (*savasana*) einnahm, konnte ich anschließend wieder eine Weile weiterarbeiten. Und dass ich mich für einen Kurs in Zen-Meditation anmeldete, lag vor allem daran, dass die Kursleiterin mir beim Einführungsabend glaubhaft versicherte, sie komme dank Meditation mit gerade mal fünf Stunden Schlaf pro Nacht aus. Ich hingegen verschwendete ganze acht Stunden darauf! Außerdem mache einen der Kurs glücklicher, verbessere die Schlafqualität und Konzentration. Um das zu belegen, zeigte die Kursleiterin Diagramme. Kaum dass der Unterricht begonnen hatte, gab sie uns Hefte, in denen wir unsere Fortschritte Woche für Woche bewerten konnten.

Mit anderen Worten, Sport, Vitamine und Meditation

bekamen auf einmal die Funktion zugewiesen, die normalerweise Zucker und Koffein erfüllen – nur dass sie angeblich viel gesünder sein sollen. Ich wurde zu einer René Descartes in Yoga-Leggings, die schön achtsam Überstunden schob.

Raubbau

Burn-out-Forscher stellen fest, dass vor allem Arbeitnehmer in reichen, wirtschaftlich liberalen Ländern an einem Burn-out leiden. Sie erklären sich das mit einem chronischen Ungleichgewicht zwischen Angebot und Nachfrage auf individueller Ebene und verwenden Begriffe wie «*self-economisation*».

Wenn die eigene verfügbare Energie nie ausreicht, um das zu tun, was von einem verlangt wird, kann das auf Dauer einfach nicht gut gehen.

Es besteht die Gefahr, dass wir den körperlichen Wellness-Kult – Yoga, Superfoods, RunKeeper usw. – dazu nutzen, das Angebot zu erhöhen, ohne die Nachfrage zu senken. Ich lernte, wie ich noch effizienter Raubbau an meinem Körper treiben, ihn für die zu leistende geistige Arbeit noch produktiver machen kann. Doch auf diese Weise trug all meine «Körper-Achtsamkeit» nicht das Geringste zu einem ausgewogeneren Verhältnis zwischen Körper und Geist bei. Stattdessen half sie mir in erster Linie dabei, meine körperlichen Reserven noch besser auszuschöpfen. Ohne mir dessen bewusst zu sein, kurbelte ich meine Ein-Personen-Wirtschaft an, wenn auch alles andere als nachhaltig – und für jemanden, der sich gerade von einem Burn-out erholt, ist das ganz bestimmt nicht zu empfehlen!

Dass es auch Vorteile hat, sich auf das eigene Wohlbefinden zu konzentrieren, möchte ich damit gar nicht infrage stellen. Ich möchte nur auf das Risiko hinweisen, dass sich Körper und Geist gegenseitig in Schach halten. Die Art von Aufmerksamkeit, die ich meinem Körper nach dem Burn-out geschenkt habe und die ich auch an vielen Gesundheitsjunkies und *Self-Trackers* beobachte, führt jedenfalls nicht zu einer harmonischeren Beziehung zwischen Körper und Geist, sondern zu einem Dualismus 2.0: zu dem verkrampften Versuch, den Körper noch gründlicher in den Dienst des Kopfes zu stellen. Dieser Wellness-Kult hat nichts mehr mit echtem Wohlbefinden, sondern nur noch etwas mit Leistung zu tun.

Der Körper wird erhellt – Teil 1

Beim Einführungsabend sagte die Kursleiterin: «Mit Zen-Meditation trainiert ihr euer Rückgrat – im buchstäblichen und im übertragenen Sinn – sowie eure Konzentrationsfähigkeit.» Sie trug ein wallendes Gewand und hatte einen kahlrasierten Schädel – etwas, das ich, die ich allem Esoterischen misstrauisch gegenüberstehe, ziemlich alarmierend fand. Aber sie sprach den mir vertrauten Dialekt aus Twente. Im Tonfall meiner sachlich-nüchternen Mutter sagte sie noch dazu die beiden magischen Worte «Rückgrat» und «Konzentrationsfähigkeit». Beruhigt meldete ich mich an.

Denn auf mein Rückgrat und meine Konzentrationsfähigkeit war ich seit jeher stolz – und zwar völlig zu Recht, wie ich fand. Ich war die personifizierte Willensstärke, die Schaltzentrale in meinem Kopf, der Ursprung allen Handelns und die Macht, die ich als Marionettenspielerin über meinen Körper ausübte.

Eines der Dinge, die ich mir mit Hilfe meiner Willensstärke abtrotzte, war Konzentration, zumindest dachte ich das. Wenn ich *vor* meinem Burn-out auf irgendetwas stolz gewesen war, dann auf meine Fähigkeit, die Aufmerksamkeit gezielt auf etwas ganz Bestimmtes zu lenken. Freunde überließen es mir gern, Gemüse zu würfeln, außerdem konnte ich ewig an einem Text herumfeilen. Meine Erschöpfung hatte mit meiner Konzentrationsspanne kurzen Prozess gemacht, und ich wollte sie dringend wiederhaben.

Aber als ich dann auf diesem Meditationskissen Platz nahm, begann sich meine Auffassung von Aufmerksamkeit und Willensstärke langsam, aber sicher gründlich zu wandeln – etwas, das mir mehr half als jeder Baldriantee dieser Welt.

Das passiert, wenn man wirklich still sitzt

Der Kurs, den ich belegte, dauerte mehrere Monate. Jede Woche meditierten wir gemeinsam und besprachen unsere Fragen mit der Kursleiterin, oder aber sie erklärte uns etwas. Zu Hause sollten wir zwei Mal täglich zwanzig Minuten still sitzen, atmen und in uns hineinspüren.

Nichts leichter als das!, dachte ich, denn als eingefleischte Tagebuchschreiberin betrieb ich ohnehin täglich kurz Innenschau. Doch die Übung fiel mir schwer. Ich hatte einen blinden Fleck, der 1,73 Meter maß. Natürlich hatte ich das bereits irgendwie geahnt, doch jetzt wurde ich zweimal täglich damit konfrontiert. Denn was passiert, wenn man still sitzt?

Es gab nichts zu sehen, trotzdem sah ich alles Mögliche. Auf dem nackten Fußboden erschienen fantastische Flecken: orangefarbene Feuer, die aufloderten und wieder in sich zusammenfielen, so wie wenn einem die Sonne auf die geschlossenen Lider scheint. Es war, als würde bei Reizarmut ein mentaler Bildschirmschoner aktiviert.

Auf nichts zu lauschen war genauso schwer: Da war das Schniefen meines Sitznachbarn, das vorbeifahrende Moped, das Knacken der Heizung – und zwar in ohrenbetäubender Lautstärke.

Ansonsten überfiel mich in den ersten Stunden eine extreme Erschöpfung. Eine andere junge Frau verließ hyperventilierend den Kurs. Ängstlich fragte ich mich, ob ich das Burn-out, von dem ich mich eigentlich erholen wollte, so nicht nur noch schlimmer machte. «Glaubst du, das Sitzen macht dich müde?», fragte die Kursleiterin sanft. «Oder warst du schon vorher erschöpft und merkst es erst jetzt, wo dich nichts anderes mehr davon ablenkt? In diesem Fall würde ich noch ein bisschen länger durchhalten.»

Ich blieb. Nachdem die seltsamen Erscheinungen auf dem Boden verschwunden waren, schaffte ich es langsam, meine Aufmerksamkeit nach innen zu richten.

Erkenne dich selbst, aber vergiss deinen Körper

«Erkenne dich selbst!» Diese Inschrift befand sich einst am Apollo-Tempel im griechischen Delphi. Dabei handelt es sich um ein klassisches philosophisches Ideal, um den ersten Schritt hin zur Selbstbeherrschung und Selbstoptimierung. Man sollte meinen, dass es den Körper ebenfalls mit einschließt. Denn je besser der Körper funktioniert, desto effizienter können wir handeln und denken.

Und dennoch fand der Körper kaum Berücksichtigung beim traditionellen Streben nach Selbsterkenntnis, so der Philosoph Richard Shusterman. Er zitiert Platon, gemäß dem die Maxime des Sich-selbst-Erkennens bedeutet, dass wir unsere Seele kennen sollten. Immanuel Kant, der gemeint habe, das erste Gebot aller Pflichten gegen sich selbst laute: «Erkenne dich selbst», war sogar der Auffassung, dass körperliche Introspektion zum Wahnsinn führen kann. Erst wenn man die Reflexion vom Körper weglenkt, ist Gesundheit möglich.

Spontaneität statt Reflexion

Die meisten (abendländischen) Philosophen, die sich mit dem idealen Verhältnis zum Körper beschäftigt haben, glauben fest an Spontaneität. So sagt Maurice Merleau-Ponty, der philosophische Säulenheilige des Körpers, dass unser Körper uns hervorragend führt ... aber nur solange wir ihn nicht analysieren. Laut Merleau-Ponty verfügt der Körper über eine basale Intelligenz, die uns dazu befähigt, wie Tiere auf eine nicht-konzeptionelle, nicht-sprachliche Art problemlos zu funktionieren. Zuviel Selbstanalyse stehe diesem direkten, spontanen Kontakt mit der Welt bloß im Weg. Seine Zeitgenossin Simone de Beauvoir assoziierte die Konzentration auf den eigenen Körper mit einer Art störender Nabelschau, die vor allem Frauen daran hindere, sich aktiv in der Welt zu behaupten. Sogar der berühmte Psychologe William James, einer der Begründer der Idee, dass Emotionen und Gedanken stark körperlich verankert sind, hielt die Konzentration auf Körperempfindungen für eine unnötige Komplikation: ohne bewusste Einmischung funktioniere der Körper deutlich besser. Oder wie es eine andere bedeutende Figur (meine Mutter) so schön ausgedrückt hat: «Wenn du dafür sorgst, dass du genug Pfannkuchen isst, erledigt der Körper den Rest ganz von alleine.»

Kurzum: Die Einmischung des Geistes hindert den gesunden Körper nur daran, richtig zu funktionieren. Dabei wird stets davon ausgegangen, dass Spontaneität Unwissenheit oder zumindest Unachtsamkeit voraussetzt.

Also einfach locker bleiben?

Das kam mir bekannt vor. Ich weiß noch, wie ich mich einmal als Teenagerin in einer Disco wiederfand, in der die komplette Rückwand verspiegelt war. Sobald ich mir selbst beim Tanzen zusah, wurde das Tanzen kompliziert.

Die intensive Überwachung meines Körpers in der Burn-out-Genesungsphase hatte in etwa dieselbe Wirkung. Mein Körper wusste beispielsweise ganz von alleine, wie er schlafen muss – ich hatte das schließlich jahrelang Nacht für Nacht getan. Aber als ich damit begann, penibelst darauf zu achten, wurde es problematisch. Ich schien nicht in der Lage zu sein, mir körperliches Wohlbefinden zu verordnen (Top-down-Prinzip). Würde es stattdessen spontan gelingen, wenn ich mich locker machte (Bottom-up-Prinzip)?

Das klang verlockend: der Natur ihren Lauf lassen. Trotzdem hatte ich so kurz nach meiner Burn-out-Erfahrung gewisse Bedenken. Aus meiner Sicht hatte mich mein Körper schließlich kläglich im Stich gelassen.

Einwand Nr. 1: Man kann seinem Körper nicht blind vertrauen

Ich bin nicht die Einzige mit diesem Misstrauen: Ein schönes Beispiel dafür ist ***Du denkst nicht mit dem Kopf allein*** von Thalma Lobel, ein populärwissenschaftliches Buch, das «vom geheimen Eigenleben unserer Sinne» erzählt. Es führt jede Menge Studien an, die unter anderem nahe legen, dass jemand, der gerade erst eine heiße Tasse Tee in der Hand gehalten hat, bei Verhandlungen schneller einknickt. Lobel geht sämtliche Sinne systematisch durch und gibt Tipps, wie man sie austricksen (keine heißen Getränke bei Verhandlungen) oder sich zunutze machen kann (Zitronenduft verbreiten, wenn man will, dass der Partner putzt).

Ich kann die Qualität von Lobels Recherchen nicht beurteilen, mich interessiert vielmehr die Strategie von *mind over matter*, die sie aufgrund ihrer Erkenntnisse empfiehlt. Und die scheint mir ganz typisch für das Misstrauen zu sein, mit dem ich meinem Körper begegne.

Lobel betont, die Studien in ihrem Buch würden ausnahmslos darauf beruhen, dass die jeweiligen Teilnehmer sich bestimmter Sinnesreize gar nicht bewusst sind. Wäre das anders, könnten sie ihre Reaktion entsprechend korrigieren. Dennoch rät Lobel ihren Lesern, die Macht «des Bauchgefühls» mit Regeln zu kompensieren, die da lauten: Bei einem schwierigen Gespräch nie etwas Heißes trinken. Aber wenn es wirklich aufs Bewusstsein ankommt, wie Lobel behauptet, sollte man sich dann nicht lieber stärker ins Bewusstsein rufen, was man eigentlich wahrnimmt und wie man darauf reagiert? Dann hätte man auch von Zitronen nichts zu befürchten und könnte am Verhandlungstisch wieder Kaffee trinken.

Einwand Nr. 2: Automatische Reflexe können sich auch negativ auswirken

Mein zweiter Einwand gegen das Lob der Spontaneität war, dass man sich nicht blind auf die körpereigenen Reflexe verlassen sollte, weil diese sich auch negativ auswirken können. Die Körperhaltung, die ich beispielsweise gedankenlos einnehme, wenn ich am Computer sitze, wird nicht automatisch von meinem Körper korrigiert, obwohl ich davon Nackenschmerzen bekomme. Wenn ich nicht zufällig durch ein Foto mit dieser Haltung konfrontiert werde, merke ich oft gar nicht, wie krumm ich dasitze.

Dabei ist das nichts, was mir ein Foto mitteilen müsste: Neben nach außen gerichteten Sinnesorganen besitzen wir nämlich auch Sensoren im Körper, die uns ein Gefühl für Bewegung, Muskelkater, die eigene Körperhaltung, unsere Position im Raum oder für Hunger geben – etwas, das ausnahmslos unter den Begriff «Propriozeption» fällt. Unter Propriozeption oder auch Eigenwahrnehmung versteht man den Empfang und die Verarbeitung von Reizen, die im eigenen Körper entstehen – ganz im Gegensatz zu «exterozeptiven» Reizen (visuelle, olfaktorische Reize usw.)

Trainiert man die Propriozeption, kann man sich schlechte Angewohnheiten bewusst machen und diese entsprechend korrigieren. Vor allem im Kontext von Stress und Anspannung kann das sehr wichtig sein.

Das schrieb Mabel Todd bereits im Jahr 1937 in *Der Körper denkt mit* – ein relativ trockenes Grundlagenwerk für Körpertherapeuten mit dem Ziel, schlechte

Haltungen zu korrigieren. Das letzte Kapitel handelt davon, was eine falsche Haltung mit Erschöpfung zu tun hat. Laut Todd zehrt eine ständige körperliche Anspannung («chronische Muskelkontraktion)» an den Energiereserven. Als eine der Ursachen für extreme Erschöpfung führt sie die Unfähigkeit an, diese ständige körperliche Anspannung richtig zu interpretieren. Infolgedessen werden die Alarmsignale des Körpers viel zu lang ignoriert. Todd war eine Wegbereiterin der Idee, dass körperliches und seelisches Wohlbefinden eng miteinander verbunden sind. Ihre Methode wurde in den Dreißigerjahren sehr populär, Marilyn Monroe bezeichnete das Buch sogar als ihre «Bibel». Später geriet Todds Arbeit in Misskredit, doch ich finde, es hätte wieder mehr Beachtung verdient.

Wie soll man dann vorgehen?

Richard Shusterman – der von mir bereits erwähnte Philosoph – plädiert dafür, dass sich jeder mit Propriozeption beschäftigen sollte. Zugegeben, zunächst einmal fühlt sich so ein intensives Körperbewusstsein eher unangenehm und nicht gerade effizient an: Konzentriert man sich beispielsweise ständig auf die eigene Körperhaltung, erfordert das eine große geistige Anstrengung. Aber eben nur vorübergehend: Sobald sich durch gezieltes Training neue gute Angewohnheiten etabliert haben, dürfen diese wieder aus dem aktiven Bewusstsein verbannt werden. Dann funktioniert wieder alles ganz spontan – nur dass es diesmal nicht spontan falsch ist.

Es gibt zahlreiche Methoden, um das Körperbewusstsein zu trainieren. Yoga zum Beispiel konzentriert sich auf die Wahrnehmung von Haltung und Atmung. Dasselbe gilt für Achtsamkeit oder zahlreiche andere Meditationsformen. In *Die Kunst stillzusitzen* beschreibt der britische Autor Tim Parks beispielsweise, wie ihm die Vipassana-Meditation die für seine höllischen Schmerzen verantwortlichen körperlichen Verspannungen überhaupt erst bewusst gemacht und ihn endgültig davon befreit hat. Weniger bekannte Techniken sind die Alexander-Technik oder die Feldenkrais-Methode.

Smartphones und Stresssignale

Täglich eine halbe Stunde meditieren, Feldenkrais oder Yoga machen ist ja alles schön und gut, aber geht das nicht ein bisschen effizienter? Man kann doch auch eine App installieren, die einen daran erinnert, gerade zu sitzen, oder eine, die einem sagt, wann man genug gegessen und sich ausreichend gesund ernährt hat? Die in *Self-Tracking-Apps* verwendeten Sensoren werden stets genauer, und die von ihnen gelieferten Daten empfinden Nutzer objektiver als ihr eigenes Erleben. Weil diese Informationen von uns unabhängig sind, kann man sie aus einer gewissen Distanz heraus betrachten. Diese Distanz schafft mehr Vertrauen als das eher nebulöse «Fühlen».

Es gibt aber auch Einwände gegen das Auslagern des Bauchgefühls. Das hat etwas mit dem Spannungsverhältnis zwischen den beiden Arten zu tun, wie der Mensch seinen Körper erleben kann – nämlich von innen und von außen, als Subjekt (der Körper, der uns ausmacht) und als Objekt (der Körper, den wir besitzen).

Wenn ein Sensor kontrolliert, ob der Körper Stresssignale aussendet oder nicht, ist das wunderbar, aber noch besser ist es, wenn man auch selbst spürt, dass man verspannt und flach atmend am Computer sitzt. Nicht nur weil eine App irren kann (und weil man nicht so genau weiß, nach welcher Silicon-Valley-Philosophie sie programmiert wurde, geschweige denn was die dahinter stehende Firma mit den daraus gewonnenen Daten so anstellt), sondern auch weil wir uns immer mehr von unserem Körper entfremden, je mehr wir ihn aus der Distanz – sprich wie ein Objekt, also aus der Perspektive eines Außenstehenden betrachten. Das besagt zumindest die sogenannte *objectification theory*, die die intensive Beobachtung des Körpers «von außen» mit einem niedrigeren Bewusstsein für Körperempfindungen assoziiert.

Diese Theorie behauptet auch, dass Frauen mehr unter dieser Objektifizierung leiden als Männer, und dass Frauen dadurch Körperprozesse wie Puls, Blutzuckerspiegel oder Magenkontraktionen weniger gut wahrnehmen können als Männer. Ständiges Diäthalten beispielsweise verringert die Sensibilität für Hungersignale.

Gerade weil es so viel technischen Fortschritt gibt,

halte ich es für sinnvoll, die durch und durch analoge Fähigkeit zur Propriozeption zu trainieren. Das digitale Körperdouble ist eine sinnvolle Ergänzung zu unserer subjektiven Erfahrung des lebendigen Körpers, sollte ihn aber nicht auf Dauer ersetzen.

Je mehr Kontrolle, desto mehr Spontaneität?

Zunächst habe ich das philosophische Plädoyer für Spontaneität bei den Körperfunktionen beschrieben. Anschließend habe ich mich für ein besseres Körperbewusstsein ausgesprochen. Besonders spontan klingt das nicht.

Aber das ist nur ein vermeintlicher Gegensatz: «Spontan» kommt von *sponte sua*: aus eigenem Antrieb. Laut Wörterbuch bedeutet es *von selbst, ohne [erkennbaren] äußeren Anlass, Einfluss [ausgelöst].*

Der Körper funktioniert spontan, wenn er es aus eigenem Antrieb heraus tut. Aber damit er das kann, muss er ihn sehr wohl spüren. Deshalb ist es das bessere Körperbewusstsein, das Spontaneität erst ermöglicht. Man denke nur an einen Musiker, der jahrelang Tonleitern übt, um irgendwann Jazz ohne Noten zu spielen. Je mehr er mit seinem Instrument vertraut ist – also je besser er es beherrscht –, desto freier kann er spielen.

Im Rahmen eines Trainings bin ich mal mit einer abgeklebten Skibrille eine Wand hochgeklettert. Dabei sollte ich mich von demjenigen führen lassen, der mich sicherte und mir von unten Anweisungen zurief. Blieben die Instruktionen aus, war ich völlig hilflos. Erst nachdem ich die Wand mehrmals blind durchklettert hatte, lernte ich, selbst zu spüren, wo ich Hände und Füße hinsetzen konnte, und kletterte wieder spontan.

Meditieren hatte in etwa dieselbe Wirkung auf mich. Solange mein Körper ein blinder Fleck war, brauchte ich Anweisungen von außen in Form von allerlei Lebensregeln, die mir Apps, Zeitungsartikel oder Gesundheitstrends nahe legten. Erst als ich selbst lernte wahrzunehmen, ob mein Körper Ruhe oder Bewegung und wie viel von welcher Nahrung braucht, ob er angespannt ist oder nicht, lernte ich (erneut), ohne Gebrauchsanweisung damit umzugehen.

Der Körper wird erhellt – Teil 2

Aber ich bin völlig vom Thema abgekommen. Eigentlich wollte ich ja nur auf meinem Meditationskissen sitzen und mich auf die Atmung konzentrieren. Denn was passierte da eigentlich genau, wenn ich meditierte oder mich in Propriozeption übte?

Nachdem ich keine seltsamen Flecken mehr sah, begann ich vor allem meine Haltung wahrzunehmen. Die Kursleiterin korrigierte sie ständig: Das Becken vorschieben, das Kinn senken, die Schulterblätter zusammenziehen usw. Es dauerte mehrere Wochen, bis ich selbst merkte, wann ich gerade saß und wann ich in mich zusammenfiel.

Gleichzeitig spürte ich, wie viele Muskeln ich ständig

anspannte, ohne dass es nötig gewesen wäre. Allein schon im Gesicht: Ich runzelte die Stirn, spannte die Oberlippe an, kniff die Augen zusammen ... Immer wieder musste ich es entspannen, weil es sich unwillkürlich stets aufs Neue in Falten legte.

Während ich auf meinem Meditationskissen saß, entdeckte ich Stellen (Muskeln, Wirbel, kribbelnde Regionen), mit denen ich mich noch nie zuvor befasst hatte. Diese Stellen blieben fortan unterschwellig in meinem Bewusstsein. Genau wie bei *Age of Empires*, einem Computerspiel aus meiner Kindheit, bei dem man mit einem fast schwarzen Bildschirm beginnt: Je weiter die eigene Spielfigur die Umgebung erkundet, desto mehr Bereiche werden erhellt. Sind diese erst mal erforscht, bleiben sie sichtbar, auch wenn die Figur längst weitergezogen ist.

Was ich dabei gelernt habe? Erstens, dass mich mein Körper, wenn ich ihn gut behandle, nicht behindert, sondern vielmehr beim Denken unterstützt. Dass er nicht nur ein Objekt, sondern auch ein Konzentrationsvehikel sein kann. Schreiben tue ich schließlich *auch* mit dem Körper. Während ich an diesen Essay arbeitete, unternahm ich beispielsweise regelmäßig kurze Spaziergänge. Ich weiß inzwischen, wie hilfreich das ist, wenn es darum geht, Ideen zu ordnen. Stecke ich irgendwo fest, kann ich mich regelrecht «frei laufen». Und das liefert deutlich bessere Ergebnisse, als wenn ich mich im wahrsten Sinne des Wortes halsstarrig über den Computer beuge. Auch Tiefenatmung kann helfen, wenn ich bei einem Satz nicht weiterkomme usw.

Zweitens habe ich gelernt, dass Aufmerksamkeit und Willensstärke anders zusammenhängen als gedacht. Zu Anfang dieses Essays habe ich beschrieben, wie ich meine Grenzen systematisch ignoriert habe. Das war für mich Willensstärke. Für Pausen hatte ich keine Zeit, denn ich wollte alles auf einmal – ganz unabhängig davon, ob das überhaupt meine eigenen Wünsche waren oder verinnerlichter fremder Ehrgeiz. Diesen fast heiligen Pflichten gegenüber fühlte ich mich ziemlich schutzlos ausgeliefert; meine Willensstärke war der Marionettenspieler und ich – oder mein Körper – die Marionette.

Dann kam das Burn-out, der Moment, als der Wille noch so groß sein konnte: Die Marionette ließ sich nicht mehr bewegen. Ich konnte die Konzentration dafür einfach nicht mehr aufbringen – auch für nichts sonst, so sehr ich es auch wollte: Der Marionettenspieler schien doch nicht allmächtig zu sein. Ohne Aufmerksamkeit keine Vorstellung.

Deshalb betrachte ich Willensstärke heute mit anderen Augen: Für mich bedeutet sie nur noch, die Aufmerksamkeit aufrechtzuerhalten, auch wenn das schwierig ist oder mich etwas Spannenderes abzulenken droht. Mit anderen Worten: Willensstärke ist ebenfalls eine Form von Aufmerksamkeit, beides geht ineinander über.

Die Art, wie ich diese Aufmerksamkeit nach meinem Burn-out trainiert habe – nämlich indem ich wahrnahm, was alles in meinem Körper vor sich geht, und zwar ausgerechnet dann, wenn eigentlich gar nichts zu passieren scheint –, hat sie subtil verändert. Aufmerksamkeit für diesen Text zum Beispiel geht jetzt durchaus auch mit Aufmerksamkeit für die Art, wie ich ihn schreibe, einher. So fällt mir vielleicht zehn, zwanzig Mal am Tag auf: «Oh, ich runzle schon wieder die Stirn.» «Mein Kiefer mahlt.» «Ich sitze völlig krumm da.» «Ich bin müde.» «Ich würde jetzt gern kurz aufstehen und eine Runde laufen.» Mit anderen Worten: Ich merke viel früher, wo meine Grenzen sind.

Natürlich wusste ich schon vorher, dass «Erkenne dich selbst» und «Alles in Maßen» wichtige Prinzipien sind, aber anscheinend musste erst eine Körperempfindung damit verknüpft werden, bis ich es tatsächlich begriff. Nicht umsonst heißt es, dass man die Dinge am eigenen Leib erfahren muss.

Das hält mich nicht immer davon ab, einen Abend durchzumachen – auch wenn ich gerade über das Thema Burn-out schreibe. Aber jetzt weiß ich wenigstens, was ich da tue, und spüre sofort – und nicht erst Monate später, wenn ich die Treppe runterfalle –, wann es Zeit wird, eine Pause einzulegen.

Die Muse schlendert: Spazierengehen und Joggen

Vielleicht ist das ja eine berufliche Deformation von Schriftstellern, aber meiner Meinung nach sagt das Äußere eines Menschen viel über sein Wesen aus. Es ist nicht egal, ob jemand Storchenbeine hat oder kurze Stampfer, und wenn eine Figur mit krummem Rücken plötzlich aufrecht geht, bleibt das nicht ohne Folgen. Jedes Gelenk spricht Bände, selbst wenn es nicht knackt: einerseits weil sich der Charakter der Körperhaltung anpasst wie eine Kletterpflanze dem Zaun – ein kleiner Mann lernt sich anders zu behaupten als ein hochgewachsener –; andererseits weil man einem Körper auf Dauer ansieht, wie damit umgegangen wird. Man denke bloß an den Zahnarzt, der sich jahrzehntelang verrenkt, um seinen Patienten in den Mund schauen zu können; an die Anwältin, die sich automatisch dem ungeschriebenen Gesetz von Pumps und Bleistiftrock beugt; an den Koch, der schlanken Kollegen misstraut; an die Toilettenfrau, die sich eine Schutzschicht gegen vierzig Jahre Ekel zugelegt hat.

Und was ist mit dem Autor? Mit ein bisschen Fantasie – und auch die ist typisch für diesen Berufszweig – verleiht selbst das Schreiben dem Körper eine Form. Von der Arbeit bekomme ich Schwielen an der

Innenseite meines rechten Mittelfingers, Tintenkleckse auf der Haut … und Sitzfleisch. Aber eben nicht nur.

Man könnte meinen, dass fürs Schreiben nicht mehr Muskeln gebraucht werden als die, um aufrecht am Schreibtisch zu sitzen. Von wegen! Vor diesem Kapitel habe ich sechzehn Runden zu Fuß gedreht und bin etwa 48 Kilometer gejoggt. Oder wie Nietzsche so schön sagte: «Ich schreib nicht mit der Hand allein; der Fuß will stets mit Schreiber sein.» Die wirklich entscheidenden Gedanken entstehen laut Nietzsche an der frischen Luft – beim Laufen, Springen, Tanzen. Meine Muse kommt nicht auf einer Harfen-Klangwolke einher geschwebt; Sie oder Er schlendert. Der schreibende Leib ist ein lustwandelnder Leib, der umherschweift, denkt, spazieren geht. Ich streife regelmäßig durch Park und Stadt, auf der Suche nach einem Text, der *Bestand hat*, der sich flüssig liest, der nicht hinkt, bei dem der Leser nirgends stolpert. Die meisten Texte entstehen in dieser Reihenfolge: sich verrennen, rastlos auf und ab gehen, sich den Kopf frei laufen.

Ich lege den Stift weg und schlüpfe in eine Jacke, nehme nur meinen Hausschlüssel mit.

Es stürmt. Die größten Bäume im Park sehen aus, als könnten sie jeden Moment abheben. Ihre Blätter gleichen Staren, die in einem dichten Schwarm immer denselben Ort umkreisen, ohne sich aus dem Verband zu lösen.

Kaum Menschen. Nur wer einen Hund oder ein Hundeleben hat, ist bei diesem Wetter draußen unterwegs.

Damals, als Spazierengehen meine einzige Waffe gegen das Burn-out war, stellte ich fest, dass zwischen Gehen und Denken eine besonders enge Beziehung besteht. Jeden Tag lief ich von meiner Haustür ein paar Straßen weiter und dann durch einen Park, dessen Wiesen in bewaldete Hügel übergingen. Wenn ich die offenen Felder des dahinter liegenden Ackerlands erreichte, hatte sich mein anstrengendes Gedankengespinst endlich entwirrt. Diese täglichen Runden erlaubten es mir erstmals, wieder einen klaren Gedanken zu fassen – eine häufige Folgeerscheinung des Gehens: Die wichtigsten Entscheidungen in meinem Leben habe ich getroffen, wenn ich in der Stadt oder manchmal auch auf Wald- oder Bergpfaden unterwegs war.

Und trotzdem kostet es mich jedes Mal Überwindung, mich zum Spazierengehen aufzuraffen, selbst wenn es nur zehn Minuten sind. Meist stehe ich unter Zeitdruck. Dann feile ich ewig an einem Absatz herum und finde, dass ich an dem Tag noch nicht genug geleistet habe. Gleichzeitig rumort mein E-Mail-Postfach wie ein übervoller Magen, und nachmittags steht noch ein Termin an. Oft verzichte ich dann darauf, mir die Beine zu vertreten, und der Stress gewinnt. Nicht zuletzt, weil die Früchte meiner Arbeit absehbar scheinen, die eines Spaziergangs hingegen nicht. Wieso sollte ich meine wertvolle Zeit an einem Frucht-Spielomaten verspielen?

Drehe ich doch eine Runde, bin ich oft urplötzlich niedergeschlagen und müde. Mir brummt der Schädel. Manchmal schlendere ich mit geschlossenen Augen umher und spähe nur kurz zwischen den

Lidern hindurch, um die nächsten zehn Meter nicht irgendwo dagegen zu laufen. An anderen Tagen lasse ich mich so von meinen Gedanken mitreißen, dass ich durch die Gegend rase wie ein Nachtbus, wobei mein Inneres hell erleuchtet ist und ich den Rest nur verschwommen wahrnehme. Manchmal hingegen dringt alles zu mir durch, als wären meine Membranen porös geworden: mein Trommelfell, meine Netzhaut, nur wenige Millimeter Haut trennen mich von der Außenwelt. Unterwegs entdecke ich eine Schildkröte, die durch eine Gracht schwimmt; eine Krähe, die in dem Teich badet, der sich vorübergehend auf einer orangefarbenen Abdeckplane gebildet hat. Mein Blick folgt den haarigen Flugschirmen einer Distel oder so, bis zu dem blonden Labrador, der von seinem Herrchen gebürstet wird. Ab und zu bleibt etwas von dem, was bis zu mir vordringt, hängen und bringt mich auf neue Ideen. An anderen Tagen helfen mir die Zerstreuungen in meiner unmittelbaren Umgebung, mich zu sammeln – so wie man manchmal erst in Opposition zu einer anderen Meinung zu einem eigenen Standpunkt gelangt.

Kein Spaziergang ist wie der andere, auch wenn ich immer dieselbe Runde drehe. Aber manche Dinge stellen sich jedes Mal ein: der plötzliche Müdigkeitsanfall; die chaotischen Gedankenblitze; aber am Ende zuverlässig, sei es noch vor Ort oder beim Heimkommen: Klarheit. Oft warten dann auf meinem Schreibtisch ein paar perfekte Sätze auf mich.

Wehmütig betrachte ich meine Wanderschuhe. Das Leder ist noch ganz, aber das Gummi löst sich, und die Sohle beginnt zu bröckeln.

Ich suche mir neue aus, schwarze Laufmaschinen, bei deren Anblick ich mich sofort in die Berge und auf Hochebenen versetzt fühle. Leider ist auch der Preis dementsprechend hoch. Unschlüssig laufe ich durch den Laden. Kann ich die Schuhe als Betriebsausgabe absetzen? Mein Steuerberater hat damals den Kassenbon, auf den ich «Kleid für den Bücherball» gekritzelt hatte, anstandslos akzeptiert. Wanderschuhe sind sogar noch wichtiger, weil sie keinem feierlichen Branchen-Event, sondern dem Schreibprozess an sich dienen.

Während ich mit den Schuhen zur Kasse gehe, überlege ich, welcher Steuerkategorie ich sie zuordnen werde. Sind es Aufwendungen für die Wartung? Für die seelische Gesundheit? Fürs Arbeitszimmer?

Der amerikanische Schriftsteller Henry David Thoreau hat dem Wandern einen Essay gewidmet, in dem er dem Schlendern eine poetische Etymologie zuschreibt. Das englische Verb für schlendern, *to saunter,* leite sich demnach her von «müßigen Gesellen, die im Mittelalter unter dem Vorwand, sie wollten *à la Saint Terre*, ‹ins Heilige Land›, Almosen erbetteln; irgendwann hätten dann die Kinder gerufen: ‹Da kommt ein *Saint-Terrer*›, ein ‹Heiligländler›, und daraus wurde *Saunterer.*» Was folgt, ist eine Lobeshymne Thoreaus auf das Wandern. «Denn bei jedem Fußmarsch handelt es sich um eine Art Kreuzzug», um dieses Heilige Land zu befreien. Das Heilige Land, das er damit meint, ist ein überaus irdisches Paradies und nirgends anders zu finden als im Hier und Jetzt; die Befreiung besteht dabei aus kleinen Landstraßen und ein paar Stunden für sich allein.

Gehen war das A und O bei meiner Genesung vom Burn-out, außerdem ist es eine wiederkehrende Konstante in allen Ratgebern, die ich zu diesem Thema gelesen habe. Wandercoaching ist inzwischen ein eigenes Genre im Rahmen von Burn-out-Therapien, daneben gibt es noch eine Joggingvariante. Auch wenn es darum geht, Burn-out vorzubeugen, scheint Gehen überaus effektiv zu sein. Thoreaus Heilsversprechen ist heute noch so aktuell wie damals. Wieso?

Nun, Bewegung an der frischen Luft ist heilsam. Und da Gehen die einzige körperliche Betätigung war, zu der ich mich in der Lage fühlte, drehte ich Runden durch den Park, wobei ich meinen Radius jede Woche ein Stück erweiterte.

Außerdem ist Gehen eine grundlegende, universelle Lektion in Achtsamkeit. So gelangte die Wissenschaftlerin Lisbet Borge nach jahrelangen Burn-out-Präventionstrainings zu dem Schluss, dass Gehen ihren Patienten half, körperliche Stresssignale früher wahrzunehmen und entsprechend gegenzusteuern.

Aber das ließe sich auch anders trainieren. Was macht Gehen so besonders? Zum einen ist es die normalste menschliche Tätigkeit, die man sich vorstellen kann, und nicht nur das: Der Mensch lief bereits aufrecht, bevor er überhaupt Mensch war. Gehen kommt ganz ohne Gongschlag oder Weihrauch aus. Spazierengehen ist auch nicht dem allgemeinen Wellness-Trend unterworfen – einem Trend, der selbst Teil des Drucks ist, stets leistungsfähig zu sein. Schlendern ist kein Sport, relativ unnütz im Hinblick auf einen Trainingseffekt und bringt auch nicht viel in puncto Kalorienverbrauch. Es ist eine Minimalbeschäftigung, Faulheit, die sich als körperliche Ertüchtigung tarnt; Nichtstun, das sich als Tun ausgibt, um dem gnadenlosen Minutenjäger im Kopf zu entkommen.

Laufen geht außerdem buchstäblich über die Atemübungen auf der Yogamatte hinaus: Wenn man spazieren geht, verlässt man die vertraute, statische Umgebung. Das erleichtert es, dem ewigen Grübeln zu entkommen und die Gedanken in andere Bahnen zu lenken. Bei einem Spaziergang steht nichts lang genug still, als dass man sich darauf konzentrieren könnte: Anders als im Zug oder im Auto gibt es kein sich mitbewegendes Interieur, von dem man abgelenkt werden könnte, kein Armaturenbrett, keinen Fahrplan und keine Tageszeitungen.

Aber meiner Meinung nach hängen das Gehen und die Erholung von chronischem Stress noch viel enger zusammen, und das hat etwas mit der direkten Verbindung zwischen Gehen und Denken zu tun. Gehen ist eine effiziente Methode, um Türen im eigenen Denken aufzustoßen – Türen, durch die man dem Käfig im eigenen Kopf entfliehen kann; jenem Käfig, den man sich aus Pflichtgefühl und Leistungsdrang selbst auferlegt. Auf diese Weise kommt man beim Gehen dem heutigen heiligen Gral ein Stück näher: dem wahren Ich.

An einem Sommerabend gehe ich, damals noch ein kleines Mädchen, mit meinem Vater im langsam fahler werden-

den Wald spazieren. Bisweilen erweckt unser Vorübergehen das Unterholz zum Leben.

Dann bedeutet mir mein Vater mit ausgestrecktem Arm, stehen zu bleiben. Rechts von uns raschelt es. Eine Rotte Wildschweine nähert sich langsam zwischen den Bäumen. Sie wühlt im dürren Laub nach Futter. Für eine Weile sind die gedrungenen Schemen nicht von Baumstümpfen zu unterscheiden. Erst nachdem mein Vater leise bis acht gezählt hat, bemerkt die Rotte unsere Anwesenheit und stiebt lautstark davon.

Ich gehe mit dem Gefühl nach Hause, Zeuge eines großartigen Schauspiels geworden zu sein. Von meinem Hochbett aus höre ich noch spät einen Vogel zwitschern und denke an all die Ritzen in diesem alten Haus, an die Mauern, die Wind und Mäuse durchlassen und nicht mehr sind als ein Wildgitter zwischen uns und der freien Natur da draußen.

Kann man durch Spazierengehen etwas Sinnvolles lernen? Laut Arthur Schopenhauer schon. Von ihm stammt ein Essay über das *Selbstdenken*, der eine überraschende Kritik am Lesen beinhaltet. «Das Lesen nämlich», so der Philosoph, «zwingt dem Geiste Gedanken auf [...]». Die Folge: «Der Geist erleidet dabei totalen Zwang von außen [...]. Daher nun nimmt das viele Lesen dem Geiste alle Elastizität; wie ein fortdauernd drückendes Gewicht sie einer Springfeder nimmt.» Die beste Methode, «die eigenen, urkräftigen Gedanken [zu] verscheuchen», besteht darin, in jeder freien Minute «ein Buch zur Hand zu nehmen». Des Weiteren befindet er: «Lesen ist ein bloßes Surrogat des Denkens. Man lässt dabei seine Gedanken von einem anderen am Gängelbande führen.» Ersetzt man «Buch» durch «Smartphone» und stöpselt bei jeder Gelegenheit In-Ear-Kopfhörer ein, sodass man selbst beim Radfahren und beim Warten auf den Bus jede freie Minute füllt, bekommt das «fortdauernd drückende [...] Gewicht» Schopenhauers eine ganz neue Dimension. Viel wertvoller als «Lesen [...] mit einem fremden Kopfe» findet Schopenhauer eigene Ideen, die «die Farbe, den Farbton, das Gepräge unsrer ganzen Denkweise» tragen. Und wie kommt man auf diese Ideen? Darüber schweigt sich Schopenhauer aus. Aber er ist ein Philosoph, von dem wir wissen, dass er mit Vorliebe spazieren ging – allein auf der Straße, nicht selten vor sich hin murmelnd.

Spazierengehen wird von mehreren Dichtern und Denkern als Geheimrezept für eigene Gedanken empfohlen. Der Philosoph Jean-Jacques Rousseau verriet ein Berufsgeheimnis, als er schrieb: «[D]enn ich kann, wie ich schon gesagt zu haben glaube, nur im Gehen denken; sobald ich Halt mache, ist es mit dem Denken vorbei, und mein Kopf hält nur mit meinen Füßen Schritt». Und weiter: «Nie habe ich so viel gedacht, nie bin ich mir meines Daseins, meines Lebens so bewusst, nie, wenn ich so sagen darf, so ganz Ich gewesen, wie auf [den Reisen], die ich allein und zu Fuß gemacht habe. In dem Wandern liegt etwas, das meine Gedanken weckt [...]. [D]ie Abwesenheit von allem, was mir meine Abhängigkeit fühlbar macht, [...] dies alles macht meine Seele frei, verleiht mir eine größere Gedankenkühnheit [...]».

Soweit ich weiß, müssen diese Aussagen nach wie vor

von den Naturwissenschaften bestätigt werden. Kognitionsforscher der Universität Stanford, die 2014 einen ersten Versuch in diese Richtung unternahmen, fanden heraus, dass die Kreativität im Gehen um 60 Prozent steigt.

Lange bevor diese Prozentzahl ermittelt wurde, hatte *sauntering* Thoreau bereits die Regel aufgestellt, dem Arbeiten nicht mehr Zeit zu widmen als dem Spazierengehen. In seinem Essay *Vom Wandern* beschreibt er das Gehen als Quelle der geistigen Wildheit, des Querdenkens. Außerdem betont er, dass die Weisheit, die man aus Büchern zieht, begrenzt ist. Ein Mensch kann sich jahrelang Wissen aneignen, aber wenn er die Bibliothek verlässt und «durch die weiten Felder des Denkens» schlendert, dann «grast [er] gewissermaßen wie ein Pferd und lässt sein Geschirr im Stall zurück. Der ‹Gesellschaft zur Verbreitung nützlichen Wissens› möchte ich manchmal zurufen: Gehet hin und grast! Ihr habt lange genug Heu gefressen.»

Das Gängelband des Denkens ablegen und dem wahren Ich näherkommen als je zuvor: Das geschieht, wenn man sich fremden Stimmen entzieht und spazieren geht. Allein. Durch das Spazierengehen erhält man Zugang zu den eigenen Gedanken, die ganz natürlich beginnen zu sprudeln – ohne jeden Druck von außen.

Wenn ich mit meinen Schwestern spazieren gehe, bilden wir eine Kette, die unterwegs immer löchriger wird. Nach einer Weile bleibt die Erste stehen und sucht Zuflucht unter einem Baum, dessen Blätterdach immer mehr Tropfen durchlässt. Die Kette schließt sich wieder, um sich kurz darauf erneut zu dehnen. Wie eine äußerst träge Spannerraupe ziehen wir durch die Landschaft.

Ich sehe den Pfad vor mir und die Tropfen, die am Saum meiner Kapuze vibrieren, bevor sie hinunterfallen. Am Wegesrand wachsen wilde Erdbeeren.

Der Rhythmus meiner Schritte folgt rätselhaften, aber genauen Gesetzmäßigkeiten meines Körpers. Eine Formulierung bleibt mir im Gedächtnis haften und wird so lange im Takt meiner Beine wiederholt, bis sie mir fremd und zugleich sehr vertraut vorkommt.

Ab und an kommen mir Ideen. Sie sind anders als Schreibtischeinfälle: formal schlichter und ohne jede Ordnung oder Zweckgebundenheit begegnen sie mir unterwegs einfach so je nach Landschaft.

Wenn ich lang genug spazieren gehe, bildet sich unterwegs ein Ort in meinen Gedanken heraus, den ich als etwas Ureigenes erlebe.

Es fällt mir nicht leicht, das hinzuschreiben, denn es klingt sehr hochtrabend für etwas so Simples wie einen Fuß vor den anderen zu setzen. Dennoch ist es mein voller Ernst. Spazierengehen, vor allem allein, beschwört unweigerlich die großen Fragen des Lebens in mir herauf: welche Richtung mein Leben nehmen, welchen Platz ich in dieser Welt einnehmen soll. Vielleicht, weil ich in dem Moment diesen Platz hinter mir lasse: Das schafft Abstand. Mit etwas Abstand spüre ich die Ecken und Kanten des Alltags weniger stark, sodass ich mich besser auf das große Ganze konzentrieren kann. Ich bin fest davon überzeugt, dass etwas am Spazierengehen so ein Denken in Gang setzt. Aber ist das keine vereinfachende Verherrlichung der Heilkräfte der Natur und eines Urzustands?

Auf gar keinen Fall: Wenn man geht, ändert man seine Position – ja, nimmt eine eigene Position im Leben ein –, und zwar ohne jedes Hilfsmittel, ohne jeden schützenden Kokon. Man ist weder von einer Gruppe, noch von einem Gebäude, noch von einem Verkehrsmittel umgeben. Man ist weder an Gleise noch an Wege gebunden. Man bewegt sich unabhängig. Dadurch, dass man sich einen neuen Platz sucht, wird man von seiner Umwelt getrennt: Was sich bewegt, hebt sich klar und deutlich vom Hintergrund ab. Sobald man geht, wird deshalb physisch, unmittelbar und grundlegend erkennbar, dass man selbst die einzige wirkliche Kontinuität im Leben darstellt. Der Körper ist die einzige Hülle. Spazierengehen ist somit die grundlegendste Form der Selbsterkenntnis.

Für mich besteht Gehen in dem ganz unmittelbaren und nicht mit Worten zu greifenden Gefühl: «Das bin ich». Noch bevor ich einen Job, eine Familie, ein Zuhause oder sonst irgendeine Situation habe, an die ich vielfach gebunden bin, bin ich dieser denkende, fühlende Körper, der sich in Abgrenzung zu allem anderen bewegt. Ich vermesse die Welt mit meinen Schritten.

Eine Joggingrunde. Beine wie Räder, so wenig Widerstand setzt mir der Weg entgegen.

Mein Tempo bildet einen Tunnel. Nur an der Ampel bin ich Teil des Stadtgewebes und bleibe lang genug stehen, um die Blicke von Autofahrern, Radfahrern, einer Frau mit Kinderwagen zu erwidern. Dann geht es weiter, in einer einzigen fließenden Bewegung, ohne den Faden zu verlieren, mein Atem ist gebunden an meine rotierenden Beine.

Wieder zuhause, scheine ich unter der Dusche wie aus einem tiefen Schlaf zu erwachen. Geträumte Dinge: Noch halb nass in ein Handtuch gewickelt, notiere ich sie. Überall dort, wo meine Hand aufliegt, wellt sich das Papier und verzieht sich. Meine Sätze gleichen Höhenlinien auf einer Landkarte.

Über sein tägliches Lauftraining, das er seit dreißig Jahren eisern absolviert, schreibt der japanische Romanautor Haruki Murakami: «Deshalb ist auch die eine Stunde am Tag, die ich schweigend und für mich verbringe, von so großer Bedeutung für mein psychisches Wohlergehen. Beim Laufen muss ich mit niemandem reden und niemandem zuhören.» Nachdenken tut er dabei kaum. «Wenn ich laufe, laufe ich einfach. Normalerweise in einer Leere. Oder vielleicht sollte ich es lieber umgekehrt ausdrücken: Ich renne, um Leere zu erlangen. [...] [D]ie Gedanken, die beim Laufen in mein Bewusstsein dringen, [sind] dieser Leere untergeordnet [...]. Sie haben keinen Inhalt, sie tauchen auf und umkreisen die Leere wie eine Achse.»

Diese zentrale Leere ähnelt dem Raum, der sich beim Laufen für mich auftut. Auch ich laufe, um den Kopf frei zu bekommen, aber das Ergebnis fühlt sich nicht an wie ein Vakuum, in das Gedanken von außen eindringen, wie bei Murakami. Wenn ich meine Laufschuhe anziehe und losrenne, suche ich vielmehr nach einem

Raum, in dem sich Dinge von innen heraus nach und nach entfalten und entwickeln können.

Als Kind durfte ich manchmal mit meinen Schwestern in einem Zelt im Garten schlafen. Wir lagen gerade einmal zehn Meter Luftlinie von unserem Bett entfernt, glaubten aber, in der Dunkelheit ein Tier rascheln zu hören und wähnten uns in einem Tipi in der Steppe, weit weg von Eltern, Hausaufgaben und anderen Störfaktoren. Wir vergaßen, dass unsere Eltern bloß den Kopf aus dem Schlafzimmerfenster zu stecken brauchten, um unsere Gespräche hinter der dünnen Zeltwand zu verfolgen.

Wenn ich renne, versuche ich ebenfalls, in meinem Kopf eine Art zeitlich begrenzten Raum zu erschaffen, in dem ich meine Gedankenwelt entfalten kann. Oft gelingt es mir nicht, diesen Raum während der gesamten Joggingrunde aufrechtzuerhalten; manchmal finde ich gar keinen Zugang zu ihm. Außerdem ist er nur halb unsichtbar: Des Öfteren kann ich an der Mimik von Passanten ablesen, dass ich mal wieder wild herumgestikuliert und Grimassen gezogen habe. Genau wie im Zelt fallen Innen und Außen mehr oder weniger zusammen.

Jenseits der Baumgrenze treten Farbkleckse auf Felsen an die Stelle von hölzernen Wegweisern. Die letzten Kilometer unterhalb des Gipfels sind kahl: eine einzige steinerne Wand.

Der Wind zieht um die letzten Felsen und kündigt den Aussichtspunkt an. Sobald ich die Passhöhe erreiche, breitet sich die dahinter liegende Landschaft vor mir aus. Die Berge, die unten im Dorf noch steil und hoch aufragten, liegen mir nun zu Füßen. Die Häuser sind Punkte, die Straßen Linien. Ich könnte mir einbilden, sie wären gezeichnet, papierne Erhebungen auf einer hastig glattgestrichenen Landkarte – wären da nicht meine vom Aufstieg glühenden Fußsohlen. Zum ersten Mal seit langem sind die Beine müder als der Kopf.

Jede Epoche hat ihre Krankheiten, und die von heute sind psychischer Natur: Depressionen, ADHS, Borderline und Burn-out. Dies konstatiert der deutsch-koreanische Philosoph Byung-Chul Han in seinem berühmten Essay «Müdigkeitsgesellschaft» zum Thema Burn-out. Was uns krank mache, seien nicht feindliche Faktoren wie ein Virus, sondern ein «Übermaß an Positivität«: Überproduktion, Überleistung und Überkommunikation.

Der Grund dafür ist der, dass wir seiner Auffassung nach in einer auf Konkurrenzkampf reduzierten Leistungsgesellschaft leben, in der sich niemand mehr sicher fühlt. Wir alle haben Angst, unseren Job zu verlieren, nicht zu genügen und abgehängt zu werden. Deshalb beuten wir uns selbst – und andere – extrem aus. Wer wagt es schon, pünktlich nach Hause zu gehen, wenn alle anderen Überstunden machen?

Außerdem gilt: Alles ist möglich, wenn man sich nur genügend anstrengt. In einer Welt voller Chancen ist, wer versagt, selbst schuld. Als Kind hatte ich ein Buch, das genau diese Botschaft glasklar zusammenfasste. Es handelt von einem kleinen Mädchen, das sich ein spannenderes Haustier wünscht. Ihr alter Goldfisch reicht ihr nicht mehr. Der Postbote, der ein Ei bei ihr abliefert, verrät ihr daraufhin, dass es nur eine Frage der Willenskraft ist. «Wenn du dir etwas ganz doll wünschst, Mädchen [...] dann musst du es WOLLEN. [...] Du musst es so sehr wollen, dass du fast platzt. Und dann wirst du sehen, dass es in Erfüllung geht.» Und so geschieht es. Die Kleine wünscht sich ein «süßes kleines Babykrokodil» und schwuppdiwupp schlüpft eines aus dem Ei. Schon bald ist es drei Meter lang.

Von klein auf lernen wir, dass wir alles erreichen können, wenn wir nur wollen. *Yes We Can. Just Do It.* Aber diese Form von Willenskraft gebiert Ungeheuer. Denn die subtile Botschaft hinter «Du kannst alles schaffen» lautet: «Du musst alles schaffen». Anstatt innezuhalten und uns zu fragen, ob wir etwas überhaupt erreichen *wollen*, zwingt uns das Wissen darum, dass wir es *können*, dazu, alles daran zu setzen, bis wir «platzen».

Es ist schwierig, sich diesem Leistungsdruck zu entziehen, denn wie soll man zu etwas Nein sagen, dass einem Freiheit und Selbstverwirklichung suggeriert? In der «Leistungsgesellschaft» zwingt uns keine höhere Instanz, sondern *wir selbst* treiben uns zu immer höheren Leistungen an. Unter dem Deckmantel der Selbstentfaltung und Selbstverwirklichung unterwerfen wir uns einer strengen Disziplin. Selbst unsere Freizeit füllen wir mit Fitnesstraining, Detox-Kuren, Sprachkursen und Networking-Events, alles auf freiwilliger Basis, weil wir unsere Wünsche und Vorlieben unbewusst auf unsere Karrierepläne abgestimmt haben: Alles, was wir wollen, ist zufälligerweise auch gut für unsere «Ich-AG».

Der Mensch als Leistungsmaschine ist allen Reizen und Aufgaben hilflos ausgeliefert und schuftet bis zum Umfallen. Deshalb ist die Fähigkeit, nichts zu tun, unverzichtbar. Wir müssen lernen, Nein zu sagen, lernen, das Nützliche im Unnützen zu erkennen: indem wir spielen, indem wir entspannt und träge sind, indem wir faulenzen. So bekommen wir wieder die Kontrolle über unser eigenes Leben. Han nennt dies in der «Mitte» sein.

Als ich seine Aussagen mit meiner eigenen Erfahrung verglich, dachte ich, dass «ausbrennen» vielleicht doch nicht die beste Metapher ist. Das Burn-out wird oft mit der Logik von Angebot und Nachfrage beschrieben – als ein Ungleichgewicht zwischen zu großer Nachfrage (vonseiten der Außenwelt) und zu geringem Angebot (vonseiten des Individuums). Aber wenn wir tatsächlich an einem «Übermaß an Positivität» leiden – müssten wir dann das Problem nicht eher als Mangel an Leere statt als Mangel an Brennstoff begreifen? Es ist nicht der leere Tank, sondern der übervolle geistige Raum, der letztlich zum Burn-out führt.

Angenommen, wir würden diesen Prozess nicht als «ausbrennen» sondern vielmehr als «erdrücken» beschreiben, und das Ergebnis als einen absoluten Mangel an Widerstandskraft aufgrund von ständigem Druck. Angenommen, wir stellen uns Pflanzen vor, die völlig plattgedrückt sind, weil ununterbrochen Nachrichten, Bitten, Verpflichtungen und Informationen auf sie einhageln: Pflanzen, die gar keine Zeit haben, sich wiederaufzurichten und zu erholen, weil es fortwährend auf sie einprasselt.

So fühlte es sich übrigens für mich im Vorfeld des Burn-out an. Der Raum hinter meinen Augen, der mir normalerweise unendlich vorkommt, sodass es schon an ein Wunder grenzt, wie ein Schädel darum passt, wurde klein und beengt. Irgendwann war gar kein Platz mehr dafür da, um eingehende Informationen zu verarbeiten, zu durchdenken und wohlüberlegt darauf zu reagieren. Ich verlor die Fähigkeit, Wichtiges von Unwichtigem zu unterscheiden, stattdessen arbeitete ich zwanghaft und hektisch alles ab, was mir unterkam, ohne Prioritäten zu setzen und ohne mir auch nur fünf Minuten Pause zu gönnen, um kurz darüber nachzudenken. Mit dem Ergebnis, dass ich gereizt war, den Tränen nahe und panische Angst vor Kontrollverlust hatte. Sämtliche Puffer fielen weg, alles traf ungebremst auf meine Sinne wie auf eine straff gespannte Trommel. So fühlt es sich also an, «ausgebrannt» zu sein, dachte ich im Stillen.

Metaphern sind mehr als nur schmückendes Beiwerk: Sie prägen unser Verständnis und lenken unsere Wahrnehmung sowie unsere Handlungen. Wenn wir das Burn-out als Treibstoffmangel begreifen, werden wir versuchen, unseren Tank von außen wieder aufzufüllen: mit einem Wochenend-Retreat, Wellness-Kuren, intensivem Sporttraining, Vitaminshakes, Nahrungsergänzungsmitteln und Entspannungstechniken. Lauter Produkte und Aktivitäten, die uns aufpäppeln sollen, damit wir am Montagmorgen wieder fit sind (und die rein zufälligerweise auch noch Geld kosten).

Einen leeren Tank kann man auffüllen, einen überfüllten Geist nicht – ganz im Gegenteil! Ein Übermaß lässt sich nicht durch mehr Input kurieren, sondern nur durch weniger. Begreift man ein Burn-out hingegen anders – zum Beispiel als Raumverlust oder fehlende Widerstandskraft –, dann könnte man bei Heilung oder Vorbeugung eher da ansetzen, diesen Raum zu schützen oder zurückzuerobern; einen Raum der Leere, des Müßiggangs. Und genau da kommt das Spazierengehen ins Spiel. Der stille Mittelpunkt im Innern eines jeden Menschen, in dem man vor Stress Zuflucht findet, ähnelt der «zentralen Leere» bei Murakami und dem mentalen Raum, der beim Spazieren entsteht. Einfach gedankenlos umherzuschlendern, bringt Erholung von dem andauernden Druck, unter dem wir funktionieren müssen, und schafft somit Platz für die Regeneration der eigenen Widerstandskraft.

In dieser Ecke des Parks trifft sich fast immer die gleiche Männer-Clique. Sie verteilt sich auf eine Bank, auf den Gepäckträger eines abgestellten Fahrrads, auf ein Behindertenfahrzeug.

Einer der Männer kommt mit einem zerfledderten Papierbündel auf mich zu. Unter der doppelten Schicht aus Mütze und Kapuze hat er dieselben tiefen Falten um den Mund wie mein Vater, nur dass sich bei ihm weiße Bartstoppeln von dunkler Haut abheben. Er stellt sich als obdachloser Dichter vor und fragt schon in einem überaus poetischen Tonfall, ob er mir etwas vortragen darf.

«Denk an die Natur / und natürlich wirst du sagen Grün, Tier und Geruch / ihre Laute, die Luft / so herrlich entspannt / wie in Freiheit / ohne jeden Gedanken / der den Geist nur abzulenken sucht.»

Widerstandskraft ist die Fähigkeit, wieder in die ursprüngliche Form oder Haltung zurückzukehren, nachdem man durch Druckausübung in eine andere Form gebracht wurde. Die Leere, die bereits beim Gehen entsteht, hängt mit dieser Fähigkeit zusammen. Und genau das verleiht selbst einem kurzen Spaziergang so eine enorme Kraft, dass er fast zur Pilgerreise wird.

Die Beschreibung von Widerstandskraft als Rückkehr zur ursprünglichen Form erinnert an Schopenhauer und seinen Glauben an die unverwechselbare «Farbe, den Farbton» eines jeden Geists. Es wäre zu einfach, zu behaupten, es gäbe so etwas wie ein ursprüngliches Bewusstsein, das wiederhergestellt wird, wenn man einen romantischen Spaziergang an der frischen Luft macht. Dafür haben die meisten Menschen mehr spezifische Eigenarten, als man ihnen das auf den ersten Blick ansieht.

Meine Generation hat ihre Ambitionen von der Stange: Zu dem blauen Facebook-Shirt passen die blauen Twitter-Schuhe und diese LinkedIn-Tasche. Unsere Träume und Vorstellungen von Erfolg sehen alle gleich aus, und wir malen uns unsere Zukunft in denselben Farbtönen aus. Es ist zur Seltenheit geworden, dass jemand ernsthaft überlegt, was wirklich zu ihm oder ihr passt. Ich habe eine Freundin, die sechs Sprachen spricht und zwei akademische Grade hat, aber beschloss, dass sie als Gärtnerin vermutlich glücklicher wird denn als Consultant, *und heute tatsächlich als Gärtnerin arbeitet*. So hat sie Erfolg für sich neu definiert. Aber die meisten von uns finden ihre Wünsche nur dann legitim, wenn sie ins einheitliche Erfolgsschema unserer Zeit passen. Mit Prestigeprojekten kann man sich wunderbar schmücken; aber bleiben die *Likes* aus, fällt die Tätigkeit ganz schnell wieder in Ungnade.

Der Nutzen des Schlenderns geht weit über eine Steigerung des Prestige hinaus. Ja, es hilft einem dabei, nicht zusammenzubrechen, damit man im Hamsterrad weiterrennen kann. Und ja, es hilft einem dabei, kreativer zu denken, denn für jede, nicht nur rein mechanische Handlung ist nichts so nötig wie das Unnötige. Wenn ich mein Potenzial als Schriftstellerin nicht ausschöpfe, dann weil ich nicht faul genug bin.

Aber ich möchte weiter gehen, als nur das bekannte Loblied auf den Müßiggang zu singen, das sich allein um den indirekten oder nachträglichen Nutzen des Nichtstuns dreht, um «faulenzen, um zu funktionieren». Natürlich gibt es keinen wirklichen Ausweg aus diesem Teufelskreis: Der Mensch ist ein strebsames Wesen, und das ist gut so. Aber man kann sich schon fragen, woher dieses Streben kommt, worauf es abzielt und wo es an Grenzen stoßen sollte. Die Grenzen zwischen Tatendrang und Tatenzwang sind fließend.

Nutzen definiert sich über die Zielsetzung. Ändert man die Zielsetzung, werden andere Dinge nützlich. Daher gibt es einen Nutzen, der nichts mit Produktivität zu tun hat; so wie es Verdienste gibt, die gemeinhin nicht als Leistung gelten. Mit dem einsamen Nachbarn plaudern ist sinnvoll, genauso wie voller Inbrunst falsch singen. Im Gras liegen bringt wenig für den Lebenslauf, aber viel, wenn man eine Vorliebe für Käfer hat. Was also tun mit Eigenschaften und Wünschen, die nicht ins Schema F passen? Wo bleiben die Aspekte, die aus dem üblichen Raster des Menschen als Leistungsmaschine fallen? All die Schrauben und Federn, die uns in eine andere als die übliche Richtung lenken?

Schlendern dient anderen Zielen als den gängigen: sein Nutzen ist teilweise unproduktiv. Was Schlendern erzeugt, ist im besten Falle unberechenbar und steht nicht immer im Dienste der vordefinierten Interessen des Menschen als Leistungsmaschine. Spazierengehen bringt manchmal unerwünschten Gewinn: Was unser Geist auf einem solchen Streifzug hervorbringt, passt nicht immer ins blaue Facebook-, Twitter-, LinkedIn-Farbschema, weil *wir* nicht in dieses Schema hineinpassen.

Schlendern besitzt alle Vorzüge des Unnützen und schafft außerdem einen ganz unverzichtbaren, abenteuerlichen Freiraum, in dem alles wachsen kann, was nach unserer Marktlogik nicht gedeiht: das Spielerische, die nicht gleich anwendbaren Gedanken, die Entscheidung, gegen den Strom anzuschwimmen. Alles Dinge, die geschützt werden müssen – sogar vor den uniformierten Anteilseignern der Ich-AG.

Vielleicht hat Thoreau ja das mit seiner eigensinnigen Etymologie des Schlenderns und seiner Beschreibung des Wanderns als Pilgerfahrt gemeint: Allein dadurch, dass man geht, gelangt man ins schwer zugängliche Heilige Land der ureigensten Gedanken.

Was zum Teufel ist Wasser?

«You travel alone?«

«Yes.»

«But you are married.»

Den Ring, auf den er zeigt, besitze ich seit meiner Kindheit. Darauf steht ein Teil des Alphabets von D bis S.

«I am not.»

Als der Mann näher rückt, erhebe ich mich von der Bank, auf der ich bis vorhin gelesen habe, und verliere mich in den Straßen Jerusalems.

Jerusalem war für mich immer eine sagenumwobene Stadt; ein an den Rand alter Manuskriptseiten gezeichnetes Traumgebilde aus Kuppeln und Dächern. Als ich noch klein war, schrieb meine Mutter an ihrer Doktorarbeit mit dem Titel *A Guidebook for the Jerusalem Pilgrimage in the Late Middle Ages.* Dafür las sie die Reiseberichte von Pilgern aus dem Mittelalter und ging der Frage nach, ob ihre auffallend gleichlautenden Reiseberichte wohl auf denselben Reiseführer zurückgingen, und wie dieser ausgesehen haben könnte. Während zwei, drei und später vier kleine Mädchen in unserem Garten spielten, arbeitete sie ununterbrochen unter einem Poster mit dem Text «Meine Aufgabe soll es sein, Kinder zu kriegen? Nun, dann bekommen sie wenigstens eine Akademikerin als Mutter!»

Als sie schließlich ihren Doktorgrad erlangte – ich war damals fünf –, nahm die ganze Familie nach der feierlichen Urkundenverleihung in Mönchskutten an einer historischen Stadtführung teil. Jerusalem war ein Ort in der Vergangenheit, weit weg, ja beinahe unwirklich. Meine Mutter, die Akademikerin, hat die Reise, über die sie so lange forschte, bis heute noch nicht unternommen.

Aber ich werde sie jetzt unternehmen.

Meine Mutter sagt: «Schaust du dir bitte auch in meinem Namen alles ganz genau an und denkst ab und zu mal an mich?» Und: «Versprichst du mir, vorsichtig zu sein?»

Um mich darauf vorzubereiten, lese ich endlich ihre Doktorarbeit. «Pilgerinnen», schreibt sie, «waren äußerst selten. Die paar, die auf Pilgerfahrt gingen, waren in Begleitung ihrer Männer oder als Mann verkleidet unterwegs.»

Mein Reiseführer für Israel und Palästina hat eine Rubrik mit dem Titel *Gefahren und Ärgernisse*. Neben Infokästen wie *Minenfelder* und *Raketenangriff … Was tun?* gibt es Kapitel über *Reisen mit Behinderung*, gefolgt von *Frauen unterwegs*.

Krücken und Brüste – sind das vergleichbare Beeinträchtigungen?

Zum ersten Mal reise ich allein und außerhalb Europas, noch dazu in ein Land, bei dem die anderen sagen: Sei bitte vorsichtig! Und: Wieso ausgerechnet *dahin?* Daraufhin erzähle ich jedes Mal von der Doktorarbeit meiner Mutter, von meiner Neugier auf die Menschen und Geschichten dieser Region mit ihrem hochkomplexen Konflikt. Doch meine Fahrt bekommt unfreiwillig noch einen anderen Charakter. Meine Reise nach Jerusalem wird zu einer Pilgerfahrt in die Unvorsichtigkeit.

Ich möchte mich stark und unabhängig fühlen, *ohne jede Beeinträchtigung* und *ohne jede Begleitung*.

Verkleidet bin ich trotzdem, als Dame: Vor meiner Abreise habe ich mir einen knöchellangen Rock und zwei züchtige Blusen gekauft.

Meine Reise beginnt in Jaffa, in dem Hafen, wo jahrhundertelang Schiffe mit Wallfahrern aus ganz Europa auf ihrem Weg ins Heilige Land anlegten. Während ich den Strand in Richtung Tel Aviv entlang spaziere, versuche ich mir vorzustellen, wie diese Gegend damals ausgesehen haben mag, als die Wallfahrer mit ihrer Palmzweig-Insignie auf dem Pilgerhut ankamen. Die Wolkenkratzer übersehe ich geflissentlich, in der Ferne erkenne ich stattdessen Segelschiffe. Der Sand, auf dem ich laufe, bleibt allerdings hartnäckig im Hier und Heute liegen.

Ein schmächtiger Mann in Badehose gesellt sich zu mir und läuft neben mir her. Er hat einen Holzschläger in der Hand, mit dem er gerade noch Strandtennis gespielt hat. Während sein Mitspieler perplex stehenbleibt, begleitet er mich ein Stück und fragt, ob ich nicht Lust habe, mit ihm Matkot zu spielen. Nein, danke.

Ob ich nicht gern Sport treibe.

«Doch, schon.»

«Bestimmt Ballett.»

«Nein, Rugby.»

Das habe ich schon seit Jahren nicht mehr gespielt, ich sagte das bloß aus reinem Trotz.

«Neiiiiin!»

«Doch.»

«Das heißt, du kannst mich umlegen.»

Prompt antworte ich und wahrheitsgemäß: «Ich denke schon.»

«Kann gar nicht sein», sagt er, und zeigt auf den Bizeps seines angewinkelten Arms. «*I am strong. You have no force. We will have dinner.*»

Ich lache ihn aus, doch obwohl er mich endlich in Ruhe lässt, habe ich verloren. Die Segelschiffe sind verschwunden.

In den darauf folgenden zwei Wochen mache ich eine Rundreise und besuche einige Orte aus der Dissertation meiner Mutter. Unter anderem besichtige ich in Haifa die Höhle des Elias und überquere die Grenze zu den Palästinensischen Autonomiegebieten, wo ich mir in Jericho den Baum des Zachäus ansehe und in Nablus den Berg Garizim besteige. Überall schaue ich mir alles ganz genau an, so wie versprochen.

Der Souk von Nablus ist ein Labyrinth aus byzantinischen Gewölben, die sich zu einer schmalen Straße hin öffnen. Auch sie ist an vielen Stellen überdacht.

Langsam schlendere ich über den Markt, wobei ich stets einen Blick in die Ladennischen werfe. Die Geschäfte heben sich dunkel vom hellen Tageslicht ab, aber eines sticht ganz besonders hervor: Darin ist alles, von den Wänden bis hin zu den Möbeln, von Marmorstaub bedeckt. Vorne rechts sitzt ein kräftiger Mann, der einen Text in einen Grabstein meißelt. Er setzt den Meißel schräg an und stemmt ihn in die glatte Oberfläche. Sein Shirt ist am Rücken schwarz-weiß gestreift, sein Bauch verschwindet völlig unter einer Staubwolke. Auch sein ansonsten dunkles Haar ist vorn kreidebleich. Selten habe ich jemanden so vehement auf den Tod hinleben sehen. Auf einem Plastiktisch bewahrt eine Glasglocke ein Brot vor Versteinerung.

Nach ein paar Sekunden bemerkt mich der Mann. Sobald ich seinen Blick erwidern muss, habe ich genug gesehen. Ich nicke ihm zu und ziehe weiter.

Als Kunsthistorikerin und Schriftstellerin gehört Schauen zu meinem Beruf. Aber hier will es mir nicht recht gelingen. Ständig fällt mir auf, dass es mir unmöglich ist, noch etwas zu *sehen*, sobald mich jemand ansieht. Schüchternheit und Anstand gebieten mir, niemanden anzustarren, und ein Instinkt scheint mir aufzuerlegen, meine Aufmerksamkeit zunächst auf die Augen von Lebewesen und dann erst auf die pittoresken Details einer Szene zu lenken. Sobald mich ein Blick trifft, hat dieser gezwungenermaßen Vorrang.

Die westlichen Touristen, denen ich während der fünf Tage in den besetzten Gebieten begegne, kann ich an einer Hand abzählen, und die Schlafsäle der Hostels habe ich jedes Mal ganz für mich allein. Ich trage einen weiten Rock, lange Ärmel und trotz der Temperaturen einen Schal; an meinen blauen Augen und meiner Körpergröße kann ich jedoch nichts ändern. Als Europäerin falle ich dermaßen auf, dass ich selbst in einer belebten Straße alle fünf Meter begrüßt (*«Welcome!»*) und alle hundert Meter von einem Mann angesprochen werde. Ich werde ununterbrochen angestarrt.

Mich überrascht, wie stark mich das mitnimmt. Selbst wenn mich die Leute nur schweigend anstarren, nötigt mir diese Aufmerksamkeit eine Reaktion ab und bringt meine Gedanken ins Straucheln. Ich sehe nicht, ich werde gesehen. Angestrengt stemme ich meinen Blick der Blickrichtung entgegen, als müsste er sich stromaufwärts bewegen: als wäre die Luft in diesem Teil der Welt eine zähflüssige Substanz, die Widerstand bietet.

«Schwimmen zwei junge Fische des Weges und treffen zufällig einen älteren Fisch, der in die Gegenrichtung unterwegs ist. ‹Morgen, Jungs. Wie ist das Wasser?› Die zwei jungen Fische schwimmen eine Weile weiter, und schließlich wirft der eine dem anderen einen Blick zu und fragt: ‹Was zum Teufel ist Wasser?›

Mit dieser Parabel begann David Foster Wallace einst eine Rede, deren Text später in dem Buch *This is Water* (*Das hier ist Wasser*) herausgegeben wurde. Der Punkt sei der, so Wallace, dass «die offensichtlichsten, allgegenwärtigsten und wichtigsten Tatsachen oft die sind, die am schwersten zu erkennen und zu diskutieren sind».

Sie sind auch oft genug schwer zu erklären, selbst einem wohlmeinenden Partner. Vor ein paar Jahren, als ich mich mit meiner Weiblichkeit noch etwas schwerer tat, murrte mein damaliger Freund, als ich mir die Haare wieder mal rigoros abschneiden hatte lassen. Er hätte mich auch gern in engen Jeans gesehen und verstand nicht, was ich dagegen hatte. Die zusätzliche Aufmerksamkeit vonseiten der Männer würde doch nur unseren beiden Egos schmeicheln?

Eines Abends landeten wir mit ein paar Freunden auf einer ausgelassenen Gay-Party. An der Tür wurde rosa Wasserstangeneis verteilt, und der ganze Kellerraum war voller vorwiegend attraktiver junger Männer. Ich amüsierte mich prächtig. Mein Freund hingegen kam nach fünfzehn Minuten zu mir und zupfte mich betreten am Ärmel. Er wurde ständig angesprochen, ein Typ hatte ihn auf die Toilette eingeladen, und über seinen Unterarm zogen sich rosa Streifen, weil er sich nicht mehr traute, an seinem Eis zu lecken. Er war noch den ganzen Nachhauseweg erschüttert, während ich triumphierte.

Daran denke ich, als ich mit starrer Miene durch Jerusalem lauf und mir zum x-ten Mal auf dieser Reise wünsche, ich könnte mir das alles anschauen, *ohne* einen Körper zu besitzen.

An früherer Stelle in diesem Buch schrieb ich: «Der Mensch mag zwar frei in einem Meer aus Möglichkeiten dahintreiben, ist aber an den Körper, *mit dem* und an das Wasser, *in dem* er schwimmt, gebunden. Freiheit beginnt damit, diese Gebundenheit zu akzeptieren.»

Das funktioniert also schon mal nicht.

Ich kann das Wasser akzeptieren, aber nicht die Tatsache, dass es für einige Fische trüber ist als für andere. Der weiße Mann kann leicht blind sein für das Wasser, das ihn so klar umgibt; doch für seine Freundin ist es schon trüber; und für manche Fische sogar undurchdringlich schlammig.

Als Frau werde ich regelmäßig und eindringlich daran erinnert, dass ich einen Körper habe, dass ich in Wasser schwimme. Aber noch nie war das Wasser, in dem ich mich bewegen musste, so zähflüssig wie auf dieser Reise.

«*Who gives a fuck* … Trivialer Kinderkram … Ich kann kaum glauben, dass sie sich die Mühe gemacht hat, darüber einen Artikel zu schreiben, sich über solche *Nichtigkeiten* aufzuregen, und dass das dann noch abgedruckt wird.»

So lautete der Kommentar eines Lesers zu einem kritischen Artikel über «lustige» Filme, in denen Frauen auf der Straße belästigt werden. Derselbe Kommentar könnte auch unter *diesem* Text stehen. Das ist eine ganz typische Reaktion. Vergewaltigungen darf man anprangern, aber alles andere ist schließlich harmlos, oder?

Blöde Anmachsprüche von sich geben, einer Frau hinterherpfeifen, sie belästigen: «trivial». Und einfach nur *angeschaut werden*? Also echt! Das ist Jammern wegen nichts.

Wenn Frauen darauf hinweisen, dass sie als Objekt behandelt werden, gelten sie schnell als hysterisch, ihre Reaktionen als übertrieben. Immer wieder begegnet mir der Satz: «Ich wünschte, ich wäre eine Frau, dann könnte ich mich den ganzen Tag über Kleinigkeiten aufregen», in unterschiedlichsten Variationen. Neulich hat sich ein Kollege von mir genau mit so einer Aussage meinen Respekt verspielt. Auch ich würde mir wünschen, er wäre eine Frau, dann wüsste er, dass es sich nicht um Kleinigkeiten handelt.

Was zum Teufel ist Wasser? *Ein Nichts.*

Als ich elf war und meine ältere Schwester zwölf, schickten uns unsere Eltern zu einem Selbstverteidigungskurs. In einem muffigen Gemeindesaal kamen jede Woche zwanzig Mädchen, ein paar Sandsäcke und eine giftige, nikotinsüchtige Frau zusammen.

Wir lernten, direkt auf Eier und Augen zu zielen und vor allem laut zu schreien, denn es war klar, dass wir machtlos waren gegen die körperliche Überlegenheit eines Mannes. Dass all diese Tricks höchstens ein wenig Zeitgewinn bringen würden. Wir lernten, dass wir als Mädchen schutzlos ausgeliefert waren, und dass das größtenteils außerhalb unserer Macht lag. Wir lernten: Wenn dir ein Mann folgt, tu so, als ob du in einem nahe gelegenen Haus wohnst; fahr mit dem Rad in eine Einfahrt oder geh auf eine Haustür zu. Wir lernten auch, vorsichtig zu sein und Vorkehrungen zu treffen: nie allein Fahrrad fahren, nie spätabends, nie außerhalb von geschlossenen Ortschaften.

Bei so viel Vorsicht schrumpft die Welt.

Mir waren sowohl die Trainerin als auch der Kurs zuwider, der sich nicht mit meinem damaligen Traum, Affen im Dschungel zu beobachten und Forschungsreisen zu unternehmen, vereinbaren ließ. Allein und außerhalb geschlossener Ortschaften.

Jahrelang lebte ich, wie es sich für ein Kind gehört, in dem unerschütterlichen Glauben, dass alles möglich ist. Meine Kinderwelt wuchs genau wie meine Kleidung mit mir mit. Das Haus, der Garten, meine Nachbarschaft, das Dorf, der Wald: Mein Terrain wurde stets ein wenig größer. Jetzt spürte ich, dass ich an eine unsichtbare Grenze gestoßen war. Je mehr mein Körper wuchs, desto mehr schien meine Welt zu schrumpfen.

Nach dem Kurs hängte mir meine Mutter immer, wenn ich allein mit dem Rad unterwegs war, ein schwarzes Kästchen um, das ohrenbetäubend schrillte, wenn man einen Stift herauszog. Es fühlte sich an, als trüge ich eine Kuhglocke, und ich hatte ständig Angst, der Alarm könnte aus Versehen losgehen. Und tatsächlich blieb der Stift ein paar Mal an den Henkeln meiner Tasche hängen, wenn ich sie abnehmen wollte, sobald ich beim Musikunterricht oder einer Freundin angekommen war. Sobald die Spielzeuggranate losging, explodierten plötzlich 130 Dezibel unter der Mädchenjacke. Knallrot presste ich die durchringende Sirene an meinen Bauch, um den Stift wieder hineinzuschieben, und stammelte betreten was von: «Damit ich nicht vergewaltigt werde.»

Jede Frau kennt diese Form des Auf-der-Hut-Seins. Auf dieser Reise begehre ich zum ersten Mal bewusst dagegen auf.

Seit ich beschließe, auf jedes Angebot einzugehen, das keine Gefahr für Leib und Leben darzustellen scheint, werde ich wie ein Päckchen herumgereicht. Die erste Einladung, die ich annehme, kommt von einem zehnjährigen Mädchen, das mich auf der Straße anspricht.

Liebe Leserin, lieber Leser,

mit dieser Karte können Sie uns Ihre Fragen und Wünsche
oder Ihre Meinung zum Buch mitteilen.

Diese Karte entnahm ich dem Buch: ______________________________

Meine Meinung zu diesem Buch:

Ich habe folgende Fragen / Wünsche:

☐ **Ich bin damit einverstanden, dass meine Meinung eventuell veröffentlicht wird.** (Ggfs. bitte ankreuzen!)

Ich verstehe kein Arabisch und obwohl ihr Englisch nicht viel weiter reicht als bis «*I love you*», nimmt sie mich mit zu sich nach Hause. Ein Zimmer, acht Personen. Gezwungenermaßen esse ich all das Essen auf, das sie aufgefahren haben, und schlafe anschließend bei dem Mädchen im Bett. Am nächsten Morgen nimmt es mich mit zur Schule. Die Schüler, Mädchen in grün gestreiften Blusen, reißen auf dem Schulhof Rosen für mich ab. Am Nachmittag nimmt mich eines von ihnen mit in sein Dorf. Die Tante der Kleinen bringt mich zu ihrer Oma, deren Nichte wiederum einen Großneffen anruft. Ich sage zu allem Ja. Vom vielen Essen habe ich Bauchweh.

Sobald ich meine sorgfältig antrainierte Vorsicht ablege, wächst meine Welt um ein Vielfaches. Und ich wachse mit ihr.

Wenn man so will, ist die Welt so groß wie der Bereich, in dem man sich sicher fühlt. Wenn die Straße, ja der eigene Körper da rausfallen, muss man sich schon sehr klein machen.

Selbst der eigene Kopf ist nicht vor all dem Geschrumpfe gefeit. Das sieht zum Beispiel so aus: Ich sitze im Zug und versuche zu arbeiten, während mich der Mann gegenüber die ganze Zeit anstarrt und sich jedes Mal, wenn ich seinen Blick erwidere, über die Lippen leckt. Das mit dem Arbeiten kann ich daraufhin vergessen.

Unerwünschte sexuelle Aufmerksamkeit unterscheidet sich grundlegend von anderen Störfaktoren. «Einfach ignorieren» geht nicht: Man fühlt sich bedroht und ist alarmiert, außerdem zwingt eine Annäherung einen dazu, sich abzugrenzen. Man kann das unmöglich einfach so an sich abprallen lassen, ohne es sich bewusst zu machen. In solchen Situationen merke ich, wie ich meinen Beckenboden anspanne und meine Knie zusammenpresse: ein Signal dafür, wie körperlich ich diese Bedrohung wahrnehme, selbst wenn mich niemand anfasst. Schon wenn mir ein Mann anzügliche Bemerkungen zuzischt, bekomme ich Gänsehaut; eindringliches Starren ist genau das: *eindringlich.*

Nichts ist so anziehend wie der Mensch, den man begehrt, aber Wollust und Widerwillen sind gleich starke Empfindungen. Die Reaktion auf unerwiderte Wollust ist deshalb extrem, die Verweigerung unmittelbar und undifferenziert. Man denkt nur: *Nein, verdammt nochmal!*, und dieser Gedanke überlagert alles andere, jede Überlegung, jede Stimmung. Kneift einem jemand in den Po, beschränkt sich der Schmerz nicht nur auf den Körper. Die Auswirkungen sind schwer wahrnehmbar, aber umso wichtiger.

Wenn man belästigt wird – oder aber weiß, dass man als Frau in der Öffentlichkeit Gefahr läuft, belästigt zu werden –, schränkt dies das Denken in verschiedener Hinsicht ein. Jedes Mal, wenn mich jemand anspricht oder anmacht, wird mein Denken aus der Bahn geworfen.

Eine ebenso unerwünschte wie naheliegende Strategie, das zu vermeiden, ist es, möglichst gar keine Signale mehr zu senden. Nicht laut lachen, nicht rennen, nicht anlehnen, nicht die Beine ausstrecken, nicht die Arme ausbreiten. Niemanden anschauen. Und auf gar keinen Fall in aller Öffentlichkeit etwas Längliches essen.

Eine solche zu Erstarren führende Selbstwahrnehmung schränkt die Frau ein und nicht denjenigen, der sie belästigt. Dabei sollte es genau umgekehrt sein. Außerdem hat es enorme Nebenwirkungen. Man kann die Kommunikation mit der Welt nicht einseitig aufkündigen: Wer nicht sendet, kann auch nicht empfangen. Eine Muschel, die sich bei Berührung schließt, kann keine Nahrung aufnehmen. Für die Frau gilt im Grunde dasselbe.

In Jerusalem gesellte sich einen Tag lang ein befreundeter Schriftsteller zu mir, und obwohl ich mich normalerweise lieber allein umschaue, war ich schwer erleichtert. Es ist regelrecht erschreckend, wie viel mehr Erinnerungen ich an die Stunden habe, die ich in seinem Windschatten verbrachte. Es fällt schwer, mit offenen Augen durch die Welt zu gehen, wenn man ständig von einem «*Hello, where you from, very pretty, can I touch?*» begleitet wird.

Das Ausmaß, in dem man Störsender von außen abblockt, entspricht dem Ausmaß, in dem man andere Elemente wahrnimmt. Wer das Fenster gegen den Straßenlärm schließt, hört auch die Vögel nicht mehr. Es ist also nicht nur unschön, Angst und Ablehnung gegenüber der Welt zu empfinden. Der viel größere Schaden besteht darin, dass man neben widerlichen Typen noch *viel mehr* ausschließt. Innen- und Außenwelt fallen auch hier zusammen.

Die heftigste Erfahrung dieser Art machte ich nicht im Nahen Osten, sondern am helllichten Tag auf dem

Bahnhofsvorplatz in Maastricht. Ich hatte im Zug fieberhaft gearbeitet und war noch ganz in Gedanken. Als ich zerstreut und vor mich hin murmelnd den Bahnhofsplatz betrat, drängte sich ein Mann an mich und griff mir unter den Rock. Ich schrie laut auf, schimpfte und stieß ihn von mir. Gleich darauf schob sich ein Muskelprotz zwischen mich und den Grabscher. Schon zog er seine Jacke aus, um sich für mich zu prügeln und nahm sich bewusst Zeit, seine Brille zusammenzuklappen, ehe er sie mir reichte. Auf einen Kleiderständer reduziert, rief ich: «Hört auf!»

Ich war sauer, aber unversehrt, und setzte meinen Tag nach diesem Vorfall unbeirrt fort. Zumindest versuchte ich das. Als ich wieder in meinem Arbeitszimmer war, musste ich auf einmal weinen. Ich fühlte mich schwach und verletzlich, aber was mich besonders traf, war, wie wehrlos ich mich ausgerechnet auf dem Gebiet fühlte, auf dem ich mich immer unantastbar gewähnt hatte. Mein Geist hatte sich eingerollt wie ein Igel. Ich hatte ein Autorenstipendium in Maastricht, die Arbeitsbedingungen hätten nicht besser sein können, aber es gelang mir nicht, noch einen klaren Gedanken zu fassen. Es dauerte, bis ich wieder etwas zu Papier brachte.

So verletzlich war also die Freiheit meines Geistes. Während ich mich von dem Vorfall erholte, waren meine Gedanken schwach und träge. Der Geist zieht sich schneller zusammen als es sich wieder entfaltet.

Für die durchschnittliche Westlerin ist es keine alltägliche Erfahrung, dass man ihr in den Schritt fasst, subtilere Formen der sexuellen Belästigung gehören hingegen sehr wohl dazu. Die Auswirkungen sind weniger offenkundig, aber dafür so gut wie dauerhaft. Sie bestehen in einer kaum merklichen Erstarrung, in unterschwelligen Hemmungen, in etwas, das einen nicht ganz lähmt, aber insgeheim dennoch für Widerstand sorgt.

Das ist auch der Grund, weshalb Anstarren und Hinterherpfeifen *kein* oberflächliches Problem ist: Es greift vielmehr auf eine ebenso subtile wie unvermeidbare Art tief in das eigene Denken ein. Es zwingt einen in die Defensive, und defensives Denken *gibt* es nicht. Das nennt sich dann Zumachen.

Auf meiner Reise verschanzte ich mich hinter einem nicht existierenden Ehemann vor Aufdringlichkeiten, indem ich auf den Ring an meinem Finger zeigte. Mein geliebter Defghijklmnopqrs bildete aber nur einen dürftigen Schutzpanzer: «*But he is not here.*»

Einmal folgte mir ein Mann, den ich nach dem Weg gefragt (beziehungsweise der mich mit einem Stadtplan in der Hand ertappt) hatte, bis zu meinem Hostel in Ramallah. Daraufhin kam der Pförtner zu mir, um mir mitzuteilen, dass unten am Tresen ein Mann stehe, der nach einer Niederländerin frage. Ich hatte keine Lust mehr, mich nach draußen zu wagen, und beschloss, noch etwas zu arbeiten.

Noch *vor* meiner Abreise war ich im Supermarkt meiner Verlegerin in die Arme gelaufen. Sie hat auch diesen Essayband angeregt. Während meiner Reise dachte ich ab und zu an unser Gespräch am Pfandflaschenautomaten zurück, an die Texte, die ich in den Band aufnehmen wollte, und an den Prozess, den sie beschreiben, nämlich meinen persönlichen Versuch, den Bruch zwischen Körper und Geist wieder zu kitten. Ich wollte erzählen, wie es sich anfühlt, die eigene Haut nicht mehr als Käfig zu empfinden, sondern als Touchscreen meiner Welt; wie es sich anfühlt, die Dachluke aufzuklappen und meinem engen Oberstübchen zu entfliehen; wie ich allmählich lerne, spielerisch und vertraut mit dem Haustier herumzutollen, das ich bin; und welche Möglichkeiten das für die Sprache, für das Denken, für das Leben schafft. Ich erschrak über die Heftigkeit, mit der ich mir schon wieder wünschte, keinen Körper zu haben.

Im ausgestorbenen Frauenschlafsaal las ich mir noch mal meine Texte durch. Unterschwellig meldete sich ein Verdacht, den ich nicht aussprechen wollte. Obwohl ich dieses Knäuel aus Assoziationen, Zufällen und Wechselwirkungen genau untersuchte, ignorierte ich *den* roten Faden: das Frausein. Frauen sind öfter und in jüngerem Alter von einem Burn-out betroffen, hatte ich mir notiert; sie fühlen sich fremder in ihrem Körper und sind unzufriedener mit ihm; Frauen werden auch häufiger als Objekt behandelt als Männer.

Seinen Frieden mit dem eigenen Körper zu machen, ist schwierig, wenn dieser Körper einen hemmt. Und dieses Hemmnis ist geschlechtsspezifisch. In meinem Reiseführer steht *Frauen unterwegs* direkt neben *Reisen mit Behinderung*.

Solange wir begrapscht werden und man uns hinterherpfeift, müssen wir wohl oder übel auf die Versöhnung von Körper und Geist pfeifen.

«Als Frau geboren zu sein, ist die schreckliche Tragödie meines Lebens», klagte Sylvia Plath als Neunzehnjährige in ihrem Tagebuch. «Ja, mein verzehrender Wunsch, mich unter Straßenarbeiter, Matrosen und Soldaten, Stammgäste der Schankstuben zu mischen – anonym Teil eines Schauplatzes zu sein, zuzuhören, aufzuzeichnen –, all das wird dadurch zunichte, dass ich ein Mädchen bin, eine Frau, ständig der Gefahr von Angriffen und Körperverletzungen ausgesetzt. Mein verzehrendes Interesse an Männern und ihrem Leben wird mir oft fälschlich als Wunsch, zu verführen, ausgelegt, oder als Einladung zu Vertraulichkeiten. Ja, Gott, ich will möglichst mit jedem reden und möglichst tief. Ich möchte auf offenem Feld schlafen, in den Westen reisen, nachts mich frei bewegen können».

In ihren Tagebüchern und in *Die Glasglocke*, ihrem berühmten Roman über Beklemmung und Depression, bringt Sylvia Plath das Gefühl zum Ausdruck, dass die Welt ihre Träume beschneidet, weil sie eine Frau ist.

Auch die amerikanische Schriftstellerin Susan Sontag macht in ihrem Tagebuch dem Frust Luft, zuallererst als Frau und erst dann als Mensch gesehen zu werden. Das war einer der Gründe, der sie zu der Aussage veranlasste: «Alles ‹Feminine› wurde mir ‹en principe› […] vergiftet». Obwohl sie es eigentlich liebte, das Leben zu verschönern, versagte sie sich das im wahren Leben: «keine Blumen, keine Farben (meine Kleider waren nicht mehr als schwarzer, brauner + grauer Stoff, mit dem ich mich verhüllte – so viel wie möglich von mir verbarg), nichts Helles. Gut waren nur die Arbeit, das

Studium, meine intellektuellen + moralischen Ambitionen […]».

Das Intellektuelle und das Sinnliche stehen sich bei Susan Sontag unversöhnlich gegenüber.

«In dieser Gesellschaft muss man sich entscheiden, was genährt wird, – der Körper muss dem Geist etwas nehmen + umgekehrt. […] In was will ich meine Lebenskraft investieren? In Bücher oder Sex, in Ehrgeiz oder Liebe, in Angst oder Sinnlichkeit? Beides geht nicht.» Die althergebrachte Zweiteilung von Körper und Geist zieht sich wie eine Bruchlinie durch Susan Sontags Leben. Dies erkennt und bedauert sie, doch die Kluft ist zu breit, um sie mal eben so überbrücken zu können.

Obwohl Sontag diesen Bruch als allgemeines Problem der westlichen Welt sieht, merkt sie an, dass der Körper traditionell mit der Frau assoziiert wird: Sie wird als sexuelles statt als intellektuelles Wesen betrachtet.

Sontag war eine Intellektuelle par excellence und trat der Welt sprachgewaltig entgegen, während sie ihren Körper lieber versteckte. Mit Sinnlichkeit und Weiblichkeit sollte sie sich zeitlebens schwer tun.

Sie selbst erklärte sich ihr körperliches Unbehagen mit dem Tabu, das auf der Bisexualität lastete. An einer Stelle zählt sie auf, was sie zu verbergen gelernt hat: ihre Sexualität, sich in ihrem Körper wohl zu fühlen, der Zugang zu sich selbst und zu ihren Gefühlen, das Streben nach Attraktivität.

Deshalb hat sie sich ganz auf das Intellektuelle konzentriert. Um ihre Unsicherheiten beim Sex abzubauen, überlegte sich Sontag beispielsweise folgende Strategie: «Abkürzung: Sex nicht als Sex bezeichnen. Sondern als

Erforschung […] Der Liebesakt als kognitiver Akt, das wäre, ganz pragmatisch gesehen, eine hilfreiche Herangehensweise für mich […]». Des Weiteren schreibt sie: «Wenn ich weniger rede, spüre ich meine körperliche Präsenz im jeweiligen Raum.» Sprache als Panzer gegen die Wahrnehmung des Fleischlichen.

Doch Sontag fürchtet ihren Körper nicht nur, sie vermisst ihn auch. Sie schreibt über ihren Körper, als wäre er ihr abhanden gekommen, und als könnte sie ihn nur hin und wieder mithilfe von anderen wiederfinden. «Ich empfinde Dankbarkeit, wenn ich jemanden berühre», schreibt sie. «Die betreffende Person hat mir erlaubt, unter Beweis zu stellen, dass ich einen Körper habe – und dass es überhaupt Körper gibt.» Jede Streicheleinheit erzeugt ein Gefühl von Liebe bei ihr, denn «Jeder, der mich berührt, gibt mir in diesem Augenblick etwas zurück: meinen Körper.» Was ihren Körper betrifft, klingt sie wie eine Blinde, die den Körper anderer als Blindenstock benutzt.

Jeder Blinde ist von dem Wunsch beseelt, zu sehen. Bereits als Teenager bezeichnet Sontag diese Trennung von Körper und Geist als ihr größtes Unglück. Nachdem sie mit fünfzehn das erste Mal mit einem Mädchen geschlafen hat, schreibt sie euphorisch über dieses Erlebnis, das ihr die Augen geöffnet hat: «Ich hatte bis dahin schlichtweg nicht begriffen, dass es tatsächlich möglich war, mit seinem Körper zu leben und die grässlichen *Dichotomien* einfach sein zu lassen.» Es ist, als wäre sie wiedergeboren. Dementsprechend notiert sie: «Ich gedenke nicht, mich von meinem Verstand dominieren zu lassen[…].»

Der Körper kann die eigene Welt nicht nur schrumpfen, sondern auch wachsen lassen. Jedes Mal, wenn es ihr gelingt, vorübergehend eine Brücke zwischen Körper und Geist zu schlagen, wird ihre Welt größer, und sie empfindet ihr Leben als geweitet.

Ihre Wiedergeburt in der physischen Welt muss allerdings jedes Mal aufs Neue stattfinden. Immer wieder formuliert sie den Wunsch, ihre Nylonhaut abzustreifen und auf ihre eigene Haut darunter zu vertrauen; sich lebendiger zu fühlen, «so wie immer, wenn ich in meinem Körper bin». Das gelingt nur selten. Mit der Folge, dass ein Gefühl von Unvollkommenheit in ihr schlummert, das auch ihre Liebe und ihre Arbeit trübt.

In den Panzer der Sprache passt kein ausgewachsener Mensch. Sontag zeigt sich frustriert darüber, dass nur ein Bruchteil von ihr künstlerisch verwertbar ist. Immer wieder wirft sie sich vor, nicht zu genügen, als Mensch und als Autorin. Sie ist überzeugt davon, dass es ihrem Werk an Sinnlichkeit fehle, alles bleibe abstrakt, dabei erblickten ihre Augen doch eine konkrete Welt. Es gelingt Sontag nicht, mit ihrem Geist körperliche Erfahrungen, ihre Gefühle, in Worte zu fassen. «Ich habe von den Rändern her geschrieben, habe aus dem Brunnen geschöpft, aber nie ganz hinuntergeschaut. Ich habe die Worte hochgezogen […] auf diese zweifelhafte Weise, mit abgewandtem Blick». Indem sie Bücher und Sinnlichkeit als Gegensatzpaar betrachtete und Letztere ausblendete, beschnitt sie ihr Schreiben mehr als dass sie es beflügelte.

Doch auch wenn Sontag schreibt, dass Geist und Körper einander hemmen, verweisen ihre Tagebücher auf etwas anderes: Eben weil eines von beiden *nicht* anwesend ist, wirkt sich das hemmend aus. Sontags Körper spielt dabei gewissermaßen die Rolle des Geliebten, der die Party durch seine demonstrative Abwesenheit verdirbt.

Jeder Mensch ist sowohl ein denkendes, handelndes Subjekt als auch ein Objekt, das man anfassen kann. Jeder Mensch ist ein denkendes Ding. Wenn wir davon überzeugt sind, dass eine Kluft zwischen dem Denken und diesem Ding – zwischen Geist und Körper – besteht, fühlen wir uns vielleicht unbewusst gezwungen, uns zwischen beiden zu entscheiden. Bin ich eher ein Denker oder eher ein Ding? In der Gesellschaft, die wir geschaffen haben, ist dieser Gegensatz bei Frauen immer noch stärker ausgeprägt als bei Männern.

Die Subjektivität einer Frau, die sich ausdrücklich als Geist hervortut, steht in krassem Gegensatz zum Status des Objekts, der ihr regelmäßig zugeschrieben wird; und umso heftiger wehrt sie sich dagegen. Daher rührt auch das Klischee des sich unter alten Schlabberkleidern versteckenden *Blaustrumpfs*.

Sontag war der Auffassung, es könne nur *entweder* ihr Geist *oder* ihr Körper vital sein. Vitalität – das Gegenteil von Burn-out – bedarf aber keiner Entweder-oder-Entscheidung, sondern vielmehr der Aufmerksamkeit für Körper *und* Geist.

Jeder Mensch lebt in einem Körper. Man kann sich diesem Aspekt des eigenen Daseins nicht verweigern, ohne die eigene Menschlichkeit teilweise zu verlieren. War Susan Sontags unwillkürliche Verweigerung der

Körperlichkeit vielleicht der Grund für ihre Frustration und für ihr Gefühl von Unvollkommenheit? Wäre das ebenso stark ausgeprägt gewesen, wenn sie als Mann geboren worden wäre? Und stelle ich all diese Fragen nicht deshalb, weil ich mich frage, ob für mich dasselbe gilt?

Auf meiner Reise durch Israel und die besetzten Palästinensergebiete kam mir der ständige Wechsel zwischen Freiheit und Unfreiheit einfach nur absurd vor. Ich empfand jede Menge Freiheit, als mir bewusst wurde, dass ich mich mit meinem niederländischen Pass freier im Land bewegen konnte als jeder Israeli und Palästinenser; gleichzeitig war da meine weniger offensichtliche Unfreiheit, als mir klar wurde, dass ich mich als Frau nicht mal zum Lesen in den Park setzen kann. Von der schier grenzenlosen, abstrakten Freiheit, die mir als Mensch gegeben ist, blieben mir als Frau manchmal nur wenig konkrete Möglichkeiten übrig: ein Gefühl, das durch die Zurschaustellung männlicher Muskelkraft immer wieder zusätzlich betont wurde.

Der Hänfling, der mit mir am Strand von Tel Aviv Matkot spielen wollte, fand seine Entsprechung in einem zerlumpten jungen Mann in Nablus: Auch er lief ungefragt lange mit mir mit. Er zeigte mir alles, stibitzte mir vom Wagen eines befreundeten Bäckers ein warmes Brötchen, bot mir Kebab und Kaffee an. An einer Tür, die schief in den Angeln hing, blieb er stehen. Das sei eine alte Seifenfabrik, in der er arbeite. Ob ich so etwas schon einmal gesehen habe?

Ich zögerte und folgte ihm dann hinein. Im plötzlichen Halbdunkel nahm ich große, in den Boden eingelassene Becken wahr und den Holzstab, mit dem die Seifenlauge umgerührt wurde. Wir liefen eine Treppe hoch. Überall lag Schutt herum, die Fensterscheiben waren geborsten. Zwischen den Trümmern war mit weißen Platten eine Trennwand eingezogen wie bei einer Umkleidekabine in einem öffentlichen Schwimmbad; darin wohnte er. «*Verybeautiful*» war das Wort, mit dem er alles belegte, mich selbst eingeschlossen.

Als wir wieder draußen waren, tat er etwas völlig Absurdes. Vielleicht wollte er meinen Leichtsinn betonen oder vielleicht glaubte er, nicht genug Eindruck auf mich gemacht zu haben, da ich mich verabschieden wollte. Auf jeden Fall legte er die Hände hinter den Kopf – «*Look!*» – und ließ seine Muskeln spielen, während er von einem zum anderen Ohr grinste. «*I am strong. You not strong.*»

Hätte er mich zehn Minuten zuvor dermaßen plump auf diese Tatsache hingewiesen, hätte ich auf den Besuch der Seifenfabrik ebenso verzichtet wie auf Vieles andere, das ich nie gesehen habe, weil ich mich schlichtweg nicht traute, diese Orte zu besuchen. Hätte ich Momente wie diesen vorhergesehen, hätte ich mich streng an die vom *Lonely Planet* vorgeschlagene Route gehalten und meinen Reisebericht in all die gleichlautenden Schilderungen eingereiht, die meine Mutter erforscht hat. Wäre ich stets vorsichtig gewesen – *you not strong, you no force* –, hätte ich nie so viele Wohnzimmer von innen gesehen und Menschen auf beiden Seiten der Mauer kennengelernt. Dann hätte ich kein Zeltlager in der Wüste besucht, nicht mit herumlungernden Jugendlichen auf einem Berg gesessen. Dann hätte ich die Mädchen nicht in ihre Schule begleitet, nicht mit einer agilen Oma Wasserpfeife geraucht und nicht nachts im Meer gebadet … Aber ich wollte, dass meine Welt wächst und nicht vor lauter Angst schrumpft. Deshalb habe ich mit klopfendem Herzen die ausgestreckte Hand des jungen Mannes ergriffen und bin ihm in die Seifenfabrik gefolgt. Darin atmete ich feuchte Luft ein: Sie war kühl und roch süßlich nach Olivenöl und Wasser.

Literaturverzeichnis und Dank

‹Willkommen zu Hause› (‹Welkom thuis›) erschien bereits in: *Tirade* 457 (Januar 2015). ‹Blaue Flecke› (‹Blaue knieën›) erschien in: *Das Magazin* 15 (Herbst 2015), dort in der Übersetzung von Bettina Bach. ‹Was im Kopf passiert, wenn man seinen Körper vergisst› (‹Wat er met je hoofd gebeurt als je je lichaam vergeet› erschien als Dreiteiler in: *De Correspondent* (Januar – März 2016). Ein Fragment aus ‹Was zum Teufel ist Wasser?› (‹Wat de fuck is water?›) erschien unter der Rubrik ‹Literair Wereldnieuws› in: *Das Magazin* 19 (Herbst 2016).

Ich danke den Redakteuren dieser Artikel sowie dem Team von Cossee. Außerdem haben noch mehr Menschen mitgedacht und mitgelesen. Lize, Nina, Linde, Rokus, Ties und Toine: euch gilt meine Liebe und mein Dank. Für das Layout, das Fleisch auf den Rippen dieses Buches, danke ich Charlotte und Willemieke.

Es folgt eine Auflistung der Quellen, auf die ich bei der Arbeit an diesem Buch zurückgegriffen habe. Wenn ich dabei aus einer Übersetzung zitiert habe, erwähne ich den Übersetzer. (A. d. Ü: Wenn es sich um einen fremdsprachigen Text handelt, der auf Deutsch verfügbar ist, wird er mit Erwähnung des Übersetzers im Anschluss aufgeführt.)

Bates, Laura, ‹How video «pranksters» are cashing in on the abuse and harassment of women›, *The Guardian*, 2. Juni 2016.

Beauvoir, Simone de, *Le deuxième Sexe*, Gallimard, Paris 1949. (Dt. Ausgabe: *Das andere Geschlecht. Sitte und Sexus der Frau*, Rowohlt, Reinbek 2000, übersetzt von Uli Aumüller et al.)

Borge, Lisbet, ‹Burnout: Quality of Life and Mental Health among Nurses Attending Prevention Courses›, in: Alexandrea M. Columbus (Hrsg.), *Advances in Psychology Research*, Bd. 50, Nova Science Publishers, New York 2007.

Bratman, Steve, ‹The Health Food Eating Disorder›, *Yoga Journal* 1997, <http://www.orthorexia.com/original-orthorexia-essay/>.

Brefeld, Josephie, *A Guidebook for the Jerusalem Pilgrimage in the Late Middle Ages: A Case for Computer-Aided Textual Criticism*, Verloren, Hilversum 1994.

Cash, Thomas F., Morrow, Jennifer A., Hrabosky, Joshua I. und Perry, April A., ‹How has body image changed? A cross-sectional investigation of college women and men from 1983 to 2001›, in: *Journal of Consulting and Clinical Psychology*, 2004, Bd. 72 No. 6, S. 1081-1089.

Centraal Bureau voor de Statistiek, ‹cbs en tno: Een op de zeven werknemers heeft burn-outklachten›, 16 november 2015,<https://www.cbs.nl/nl-nl/nieuws/2015/47/cbs-en-tno-een-op-de-zeven-werknemers-heeft-burn-out-klachten>.

Foucault, Michel, *Surveiller et punir: Naissance de la prison*, Gallimard, Paris 1975. (Dt. Ausgabe: *Überwachen und Strafen: Die Geburt des Gefängnisses*, Suhrkamp, Frankfurt am Main 1993, übersetzt von Walter Seitter.)

Fredrickson, Barbara L. und Roberts, Tomi-Ann, ‹Objectification theory. Toward understanding women's lived experiences and mental health risks›, *Psychology of Women Quarterly,* Bd. 21 (2), Juni 1997, S. 173-206, <http://pwq.sagepub.com/content/21/2/173.short?rss=1&ssource=mfc>.

George Lakoff, Mark Johnson, *Metaphors We Live By,* University of Chicago Press, Chicago 1980. (Dt. Ausgabe: *Leben in Metaphern: Konstruktion und Gebrauch von Sprachbildern,* Carl-Auer-Verlag, Heidelberg 2017, übersetzt von Astrid Hildenbrand.)

Gladding, Rebecca, M.D., ‹This is your brain on meditation›, *Psychology Today,* 22. Mai 2013, <https://www. psychologytoday.com/blog/use-your-mind-change-your-brain/201305/is-your-brain-meditation>.

Han, Byung-Chul, *Die Müdigkeitsgesellschaft,* Matthes & Seitz, Berlin 2010.

Han, Byung-Chul, ‹Terreur en het verlangen naar een vijand›, *Vrij Nederland,* 17. Februar 2015.

Han, Byung-Chul, ‹Terrorismus. Sehnsucht nach dem Feind›, *DIE ZEIT,* 29. Januar 2015.

Lazar, Sara W. et al., ‹Meditation experience is associated with increased cortical thickness›, *Neuroreport,* 28. November 2005, 16 (17); S. 1893-1897.

Lobel, Thalma, *Sensation. The New Science of Physical Intelligence,* Atria Books, New York 2014. (Dt. Ausgabe: *Du denkst nicht mit dem Kopf allein: Vom geheimen Eigenleben unserer Sinne,* Campus, Frankfurt 2015, übersetzt von Jürgen Neubauer.)

Loon, Paul van, *Weg met die krokodil!,* Elzenga, Tilburg 1993. (Dt. Ausgabe: *Weg mit dem Krokodil!,* Dressler, Hamburg 1995, übersetzt von Helga van Beuningen.)

Mantel, Hilary, ‹Holy Disorders›, *The Guardian*, 4. März 2014.

Merleau-Ponty, Maurice, *De wereld waarnemen*, Uitgeverij Boom, Amsterdam 2003. (Dt. Ausgabe: *Causerien 1948. Radiovorträge*, Salon Verlag, Köln 2006, übersetzt von Joan-Catherine Ritter und Emmanuel Alloa.)

Merleau-Ponty, Maurice, *Phénoménologie de la Perception*, Gallimard, Paris 1945. Zitiert nach Shusterman 2008. (Dt. Ausgabe: *Phänomenologie der Wahrnehmung*, De Gruyter, Berlin 1966, übersetzt von Rudolf Böhm.)

Murakami, Haruki, *What I Talk About When I Talk About Running*, Vintage, London 2009. (Dt. Ausgabe: *Wovon ich rede, wenn ich vom Laufen rede*, btb, München 2010, übersetzt von Ursula Gräfe.)

Nietzsche, Friedrich, *De vrolijke wetenschap*, übersetzt von Pé Hawinkels, De Arbeiderspers, Amsterdam 2011. (Dt. Ausgabe: *Die fröhliche Wissenschaft*, De Gruyter, Berlin 2015.)

Noort, Wouter van, ‹Miljoen Nederlanders hebben burn-out-klacht›, *NRC Handelsblad*, 25. November 2015.

Oppezzo, Marily und Schwartz, Daniel L., ‹Give Your Ideas Some Legs: The Positive Effect of Walking on Creative Thinking›, *Journal of Experimental Psychology: Learning, Memory, and Cognition* 2014, Bd. 40, Nr. 4, S. 1142-1152.

Parks, Tim, *Teach Us To Sit Still. A Sceptic's Search for Health and Healing*, Vintage, London 2011. (Dt. Ausgabe: *Die Kunst stillzusitzen: Ein Skeptiker auf der Suche nach Gesundheit und Heilung*, Kunstmann, München 2010, übersetzt von Ulrike Becker.)

Plath, Sylvia, *The Journals of Sylvia Plath*, New York, Anchor Books 1998. (Dt. Ausgabe: *Die Tagebücher*, Frankfurter Verlagsanstalt, Frankfurt am Main 1997, übersetzt von Alissa Walser.)

Raalte, Jeroen van, ‹Een dag uit het leven van een man die alles kwantificeert (maar dan ook echt alles)›, *De Correspondent,* 11. Dezember 2015.

Rettberg, Jill Walker, *Seeing Ourselves Through Technology. How we use Selfies, Blogs and Wearable Devices to See and Shape Ourselves,* Palgrave Macmillan, New York 2014.

Rousseau, Jean-Jacques, *Confessions,* Livre iv, [1789], <http://www.lettres.org/confessions/confessions.htm#lyon>. (Dt. Ausgabe: *Bekenntnisse,* Viertes Buch, https://gutenberg.spiegel.de/buch/rousseau-s-bekenntnisse-erster-theil-3813/1.)

Rumsey, Nichola und Harcourt, Diana, *The Oxford Handbook of the Psychology of Appearance,* Oxford University Press, Oxford 2012.

Sakaguchi, Ango, ‹Discourse on Decadence›, übersetzt von Seiji M. Lippit, *Review of Japanese Culture and Society,* 1:1-5, Oktober 1986.

Sartre, Jean-Paul, *L'existentialisme est un humanisme,* Les Éditions Nagel, Paris 1970. (Dt. Ausgabe: *Der Existentialismus ist ein Humanismus: Und andere philosophische Essays 1943 – 1948,* Rowohlt, Reinbek 2012, übersetzt von Werner Bökenkamp.)

Schaufeli, Wilmar B., ‹Past performance and future perspectives of burnout research›, *SA Journal of Industrial Psychology,* 2003, 29 (4), S. 1-15.

Schaufeli, Wilmar B., Leiter, Michael P. und Maslach, Christina, ‹Burnout: 35 years of research and practice›, *Career Development International,* Bd. 14, Nr. 3, 2009, S. 214-220.

Schopenhauer, Arthur, *The Essential Schopenhauer,* Unwin Books, London 1962, (urspr. *Parerga und Paralipomena,*

1851) (Dt. Ausgabe: *Parerga und Paralipomena*, Diogenes, Zürich 2017.)

Shusterman, Richard, *Body Consciousness. A Philosophy of Mindfulness and Somaesthetics*, Cambridge University Press, New York 2008. (Dt. Ausgabe: *Körper-Bewusstsein: Für eine Philosophie der Somästhetik*, Felix Meiner, Hamburg 2012, übersetzt von Heidi Salaverria.)

Shusterman, Richard, *Thinking Through the Body. Essays in Somaesthetics*, Cambridge University Press, New York 2012.

Solnit, Rebecca, *Wanderlust. A History of Walking*, Penguin Books, New York 2000. (Dt. Ausgabe: *Wanderlust: Eine Geschichte des Gehens*, Matthes & Seitz, Berlin 2019, übersetzt von Daniel Fastner.)

Sontag, Susan, *Reborn. Early Diaries 1947-1963*, Penguin Books, London 2008. (Dt. Ausgabe: *Wiedergeboren: Tagebücher 1947-1963*, Hanser, München 2016, übersetzt von Kathrin Razum.)

Sontag, Susan, *As Consciousness is Harnessed to Flesh. Diaries 1964-1980*, Penguin Books, London 2012. (Dt. Ausgabe: *Ich schreibe, um herauszufinden, was ich denke: Tagebücher 1964-1980*, Hanser, München 2013, übersetzt von Kathrin Razum.)

Thoreau, Henry David, ‹Walking›, *The Atlantic*, [1862], <http://www.theatlantic.com/magazine/archive/ 1862/06/walking/304674/>. (Dt. Ausgabe: *Vom Wandern*, Reclam, Ditzingen 2013, übersetzt von Ulrich Bossier.)

Tiqqun, *Premiers Materiaux pour une Theorie de la Jeune-Fille*, Éditions Mille et une Nuits, Paris 2001. (Dt. Ausgabe: *Grundbausteine einer Theorie des Jungen-Mädchens*, Merve, Berlin 2009, übersetzt von Parti Imaginaire.)

Todd, Mabel E., *The Thinking Body. A Study of the Balancing Forces of Dynamic Man*, Princeton Book Company, Hightstown 1980 [1937]. (Dt. Ausgabe: *Der Körper denkt mit: Anatomie als Ausdruck dynamischer Kräfte*, Hogrefe, Bern 2017.)

Velzen, Hilmano van, *De Dakloze Dichter*, Heimdall, 2016.

Vermeulen, Margreet, ‹Werkt mindfulness echt? Wat mindfulness wel en niet vermag›, *de Volkskrant*, 14. März 2015.

Visser, Ellen de, ‹Waarom word je ziek aan het begin van de vakantie?›, *de Volkskrant*, 4. September 2012.

Visser, Ellen de, ‹Zo bereikte de voedselstress zijn hoogtepunt›, *de Volkskrant*, 24. Dezember 2015.

Wallace, David Foster, *This is Water, Commencement speech* gehalten am Kanyon College, 21. Mai 2005. (Dt. Ausgabe: *Das hier ist Wasser / This is Water: Anstiftung zum Denken*, KiWi, Köln 2012, übersetzt von Ulrich Blumenbach.)

Wilson, Margaret, ‹Six views of embodied cognition›, *Psychonomic Bulletin & Review*, 2002, 9 (4), S. 625-636.

Wilson, Robert A. und Foglia, Lucia, ‹Embodied Cognition›, *The Stanford Encyclopedia of Philosophy* (Sommerausgabe 2016), Edward N. Zalta (red.), <http://plato.stanford.edu/archives/sum2016/entries/embodied- cognition/>.

Young, Damon, *How to Think About Exercise*, Macmillan, London 2014.

Zantinge, E. M., e. a., ‹Hoe vaak komen overspannenheid en burn-out voor en neemt dit toe of af?› In: *Volksgezondheid Toekomst Verkenning, Nationaal Kompas Volksgezondheid*, Bilthoven: rivm, 12. Dezember 2013.

Bregje Hofstede studierte Kunstgeschichte und Französisch in Utrecht, Paris und Berlin. 2012/2013 bekam sie für ihre Kurzgeschichten und Essays das Förderstipendium des *Hollands Maandblad*. Sie veröffentlichte u. a. in *De Gids, Das Magazin, DW B* und *De Morgen* und schreibt für *De Correspondent*. Ihr Debütroman *De hemel boven Parijs / Der Himmel über Paris* wurde für zahlreiche renommierte Literaturpreise nominiert (Libris Literatuur Prijs, De Gouden Boekenuil, Anton Wachter-Prijs, Opzij Literatuurprijs, ANV Debutantenprijs, Bronzen Uil) und ins Dänische sowie ins Deutsche übersetzt (C. H. Beck, München 2014). 2018 folgte ihr zweiter Roman *Drift*, der für die Shortlist des bedeutenden Libris Literatuur Prijs nominiert wurde und im Herbst 2020 ebenfalls bei Oktaven erscheinen wird.

Willemieke Karst studierte Fotografie an der Königlichen Akademie der Bildenden Künste in Den Haag. Ihre Abschlussarbeit (*Love is blind and we can not see*) entstand in Zusammenarbeit mit Chantal Hendriksen und Corine Koole. Als Dokumentar- und Porträtfotografin erkundet Kars die Identität und Sexualität von Frauen. In ihrem Studio in Amsterdam arbeitet sie an eigenen Projekten, darüber hinaus assistiert sie Jacqueline Hassink und Dana Lixenberg.